JN081620

図解&事例
経営承継の
仕組み・方法・実際

株式会社AGSコンサルティング ［編］

AGS税理士法人

中央経済社

はじめに

　『2025年には，経営者が70歳以上の会社が245万社，うち127万社で後継者不在』

　数年前からよく耳にする言葉ですが，長期経営下において，経営をつないでいく難しさが，特にここ数年顕在化しています。日本企業をおよそ400万社と捉えると，日本企業の約３割が後継者不在に直面することとなります。

　どうやって後継者へ経営を承継していくかという会話の中で，経営者の方からは，「私と同じように経営すれば大丈夫だから」「ゼロから会社を作った私の苦労に比べれば大したことないよ」等々とよく言われます。しかしながら，基盤ができているとはいえ，短期間で，かつ，経営環境が異なる中，後継者に現経営者と同じことを求めることは酷だと思っています。現経営者は長期経営の中でさまざまな苦難を乗り越え現在の経営にたどり着いており，事業環境，財務環境，労働環境，さまざまな変化を経験する中で，経営能力は醸成されていくものだと感じています。

　経営資源である「ヒト・モノ・カネ」のうち，特に現経営者の『トップ営業，資金マネジメント，最終人事権』をどう計画的に承継していくかが，中小企業の経営承継において最も重要だと感じています。

　平成27年５月に，『図解＆事例　株式承継の税務・法務・会計』，平成29年４月に『図解＆事例　資産承継の税務・法務・会計』を発刊し，もはや社会問題となっている「事業承継」の論点を平易に整理し，より具体的な事例をふんだんにご紹介することによって多くの中小企業オーナーや事業承継に携わる士業の方々および金融機関の方々の一助とさせ

ていただきました。

　本書はその第3弾の書として，株式や固定資産などの事業用資産の承継だけではなく，組織や人などの経営資源・事業の価値源泉について，経営が承継されるタイミングでどのように捉え，どのように承継していくべきか，考え方やポイントをまとめたものです。

　第1章では，主に中小企業オーナーに向けて，事業承継を取り巻く環境について内部環境・外部環境の変化を踏まえ，その課題を整理したうえで事業承継への取り組み方についてまとめました。

　第2章では，経営資源とは何かということをできる限り網羅的・体系的に整理しました。具体的には，まずは経営資源を「ヒト・モノ・カネ」に分類し，それぞれの経営資源を「現経営者・後継者・会社」からの視点で捉え，分析のポイントをわかりやすく解説しました。

　第3章では，第2章でポイント整理した内容について，情報整理や課題解決のために留意すべきポイントや具体的な手法について，理解を深めていただけるように実践的なツールを活用して解説しました。

　さらに第4章では，より実践的なコンサルティングツールのご紹介をし，弊社でコンサルティングをした事例を取り上げ，具体的なスケジュールや課題などを図解を用いてまとめ，皆様のさらなる疑問にお答えしています。

　実務上のポイント・勘所については本書を参考にしていただければある程度の当たりを付けることは可能と考えますが，事業承継を実際進めていく過程においては，形式やスキームありきの対策ではなく，あくまで承継する側の方々の意思・想いを第一に「心の承継」も併せて進めていくことが重要だと考えます。

　第4章の事例紹介において，「力点」と称する項目に関しては，弊社が承継する側の方々の意思・想いをヒアリング等により取得し，具現化

した重要なポイントであり，各スキームにおいて最も力を入れた点となりますので，是非ご活用ください。

　本書は，事業承継を進めるにあたって最低限必要な知識や，弊社が日々企業オーナーに対して誠心誠意をもって事業承継のお手伝いをしている事例の中から得た内容を簡潔にまとめたものです。内容によっては今後さらなる検討が必要なところもあるかと思いますが，皆様の今後の事業承継対策に少しでもご参考となれば幸いでございます。

　最後になりましたが，本書の出版に多大なるご尽力をいただきました中央経済社の皆様に心より感謝申し上げます。

　令和3年3月

執筆者一同

Contents

第3章　経営承継の分析手法・課題整理・解決方法

第4章　経営承継の診断と事例

第1章
事業承継を取り巻く環境

現在の日本の事業承継における環境

　日本の人口は減少傾向にあり，2008年をピークに，2011年以降は減少が続いています。また，生産年齢人口も減少しています。そのことから，深刻な人手不足の問題があるとともに，中小企業における経営者の高齢化が進行しています。

① 高齢化の推移

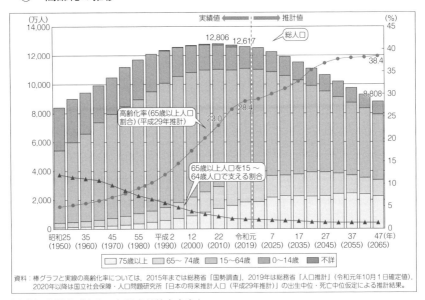

（出典）内閣府「令和2年版高齢社会白書」

　経営者の高齢化が進む一方，後継者が不在な企業が多く，60代では約半数，70代は約40％，80代は約30％後継者が不在（2020年版中小企業白書）となっています。

　経営者の高齢化や後継者不足を背景に，事業承継の実態も近年では変化しており，依然として同族承継が多くなっていますが，全体に占める割合は減少しており，その他の態様が増加してきています。また，第三者への承継であるM&Aの件数も年々増加していることなどもあり，今後は親族外承継が中心となってくることが考えられます。

②　事業を承継した社長の先代経営者との関係

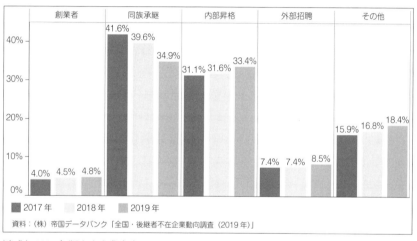

（出典）2020年版中小企業白書

2 | 事業承継対策への取り組み

　事業承継対策への取り組みは，後回しにされがちですが，事業承継を行う上ではさまざまな課題があり，思うように進められないことも多く，早めに実施することが重要となります。

　しかし，実際には60代以上の経営者は事業を継続するつもりがない，事業承継について考えていない割合が60％であり，事業承継の準備は進んでいないのが現状です。

　①　事業承継意向別の割合

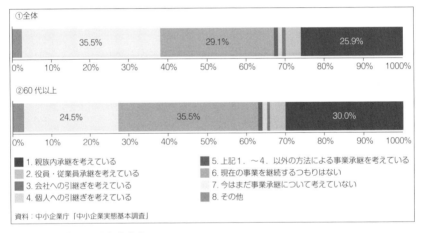

（出典）2020年版中小企業白書

　経営者の高齢化や後継者不足を背景に，休廃業や解散する企業が4万件台で推移（2020年版中小企業白書）しています。

　事業を継続しなかった理由は複数回答のため，約60%が「もともと自分の代で畳むつもりだった」と答えているものの「事業の将来性が見通せなかった」や「資質がある後継者候補がいなかった」などの複合的な理由で廃業を決意したとみられます。もし早期に事業承継対策として，経営診断・改善の取り組みや後継者探し・育成の取り組みを始めていれば，事業継続につながった可能性もあります。

②　事業を継続しなかった理由

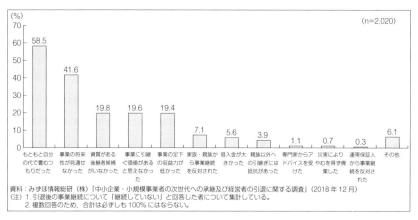

資料：みずほ情報総研（株）「中小企業・小規模事業者の次世代への承継及び経営者の引退に関する調査」（2018年12月）
（注）1．引退後の事業継続について「継続していない」と回答した者について集計している。
　　　2．複数回答のため，合計は必ずしも100%にはならない。

（出典）2019年版中小企業白書

3 事業承継における課題

　事業承継対策への取り組みにおいて，特に重要なのが後継者です。事業承継における後継者に関しては，後継者の選定に関する課題と，後継者の教育に関する課題の2つの課題があります。後継者にはどのような人物がふさわしいのか，また選定した後継者に不足する能力や経験はないか，不足する場合どのように補っていくのか，といった課題を，計画的に検討し決定，実行していくことが必要です。また，事業承継が従来型の「同族承継」ではない場合に，「経営資源」である「ヒト・モノ・カネ」をどのように承継していくか，より一層難しい課題となります。

(1)　後継者の選定に関する課題

　後継者の選定は事業承継対策において，最初の課題です。選定の際には，自社の事業に関する専門知識・実務経験のほか，意欲や覚悟も重視されることが多く，こうした資質は事前に見極め後継者の決定の際に重視することで，承継後の働きぶりを見ても満足度が高くなります。そのためには経営者自らが自分の後継者にふさわしい人材の基準・資質を明確にし，早い段階から育てていくことが必要です。

　事業承継の形態別に見ると，親族内承継であっても血縁関係だけではなく，事業に関する専門知識や実務経験，経営に対する意欲・覚悟を重視しています。

　経営に対する意欲・覚悟を重視した場合，その満足度は比較的高くなっています。一方，血縁関係というだけで後継者を決定した場合，満足度が低くなっています。

① 事業承継の形態別，後継者を決定する上で重視した資質・能力

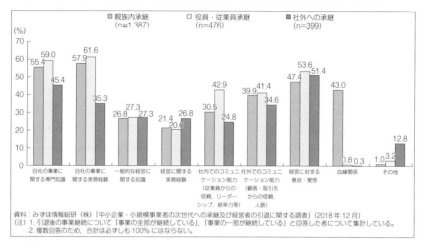

資料：みずほ情報総研（株）「中小企業・小規模事業者の次世代への承継及び経営者の引退に関する調査」（2018年12月）
（注）1. 引退後の事業継続について「事業の全部が継続している」，「事業の一部が継続している」と回答した者について集計している。
　　　2. 複数回答のため，合計は必ずしも100%にはならない。

（出典）2019年版中小企業白書

② 後継者の働きぶりに対する満足度

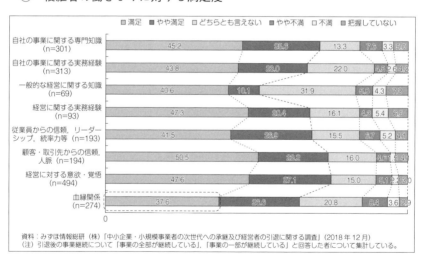

資料：みずほ情報総研（株）「中小企業・小規模事業者の次世代への承継及び経営者の引退に関する調査」（2018年12月）
（注）引退後の事業継続について「事業の全部が継続している」，「事業の一部が継続している」と回答した者について集計している。

（出典）2019年版中小企業白書

⑵　後継者の教育に関する課題

　後継者が経営者としての能力を備えるには，後継者教育や実務経験が必要であるため，早い時期から的を射た対策を講じていくことが重要となります。

　現経営者が後継者に求める資質・能力は，何ら対策をせずにすべてを備えている後継者を求めるには難しい内容となるため，後継者教育を行うことが有効となります。

①　実施した後継者教育の内容

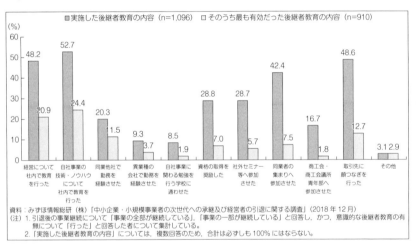

（出典）2019 年版中小企業白書

　有効であったとされる経営についての社内教育や技術・ノウハウについての社内教育などであっても，現経営者からすると，約70％ほどの割合で満足という結果が出ており，約30％ほどは満足していないこととなります。後継者教育をするとしても，有効とされることを行う必要があると考えられます。

②　実施し最も有効だった後継者教育の内容別，現在の後継者の働きぶり
に対する満足度

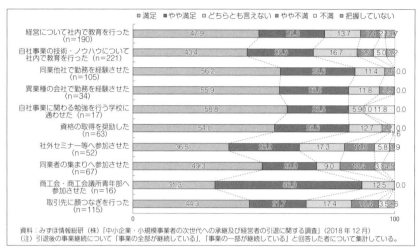

資料：みずほ情報総研（株）「中小企業・小規模事業者の次世代への承継及び経営者の引退に関する調査」（2018 年 12 月）
（注）引退後の事業継続について「事業の全部が継続している」，「事業の一部が継続している」と回答した者について集計している。

（出典）2019 年版中小企業白書

このような状況となる原因として現経営者の期待値とのギャップや，
現経営者と後継者の志向性や人格の違いなど，現経営者の理想像と後継
者の姿との乖離が生じていることが考えられます。

後継者教育を考える際には，後継者の人となりを勘案した上で，現経
営者と比較し，今後の後継者が事業を承継するためにどのように事業を
継続していくかを考え，その計画に沿った形で，後継者に合った後継者
教育を進めていくことが必要となります。

そのためには，その計画を現経営者もしっかりと理解していくことが
必要なことかと思います。

4 事業承継対策の進め方

　事業承継を進めていく上で最も大切にすべきことは現経営者の「想い」です。現経営者が経営してきた会社を後継者は引き継いでいくことになります。現経営者と後継者は別々の人なので，そのままの会社の体制で立場だけを引き継いでもうまくいくとは限りません。そのため，会社の経営資源（ヒト・モノ・カネ）を後継者に合わせた形に変化させていくことが必要となります。

　しかし，変えてはいけないものもあります。それが現経営者の会社に対する「想い」であり，会社の経営理念のもととなるものです。現経営者のその「想い」を最優先に承継をし，その上で，個別事情や背景を加味して対策内容を決定し実行していく必要があります。

　また，事業承継を短期間に行うことは非常に困難で，長期間じっくり取り組むこととなります。そのため，長期的な手法を組み立て，戦略的かつ計画的に進めていくことが重要になります。

◇**事業承継の計画実施の流れ**

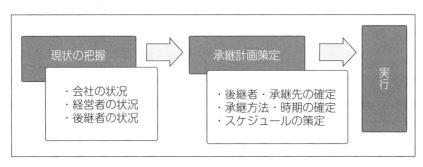

- 現状の把握
  - ・会社の状況
  - ・経営者の状況
  - ・後継者の状況
- 承継計画策定
  - ・後継者・承継先の確定
  - ・承継方法・時期の確定
  - ・スケジュールの策定
- 実行

(1)　現状の把握

　事業承継の当事者としては，現経営者，後継者，会社の3者となるかと思います。それぞれの立場で経営資源を考え，それぞれの立場からの視点を踏まえ，各経営資源の現状をしっかりと把握することが必要となります（詳しくは第2章で説明します）。

　　① 　現経営者の状況

　　　経営資源（ヒト・モノ・カネ）を現経営者の立場で考える。

　　② 　後継者の状況

　　　経営資源（ヒト・モノ・カネ）を後継者の立場で考える。

　　③ 　会社の状況

　　　経営資源（ヒト・モノ・カネ）を会社の立場で考える。

(2)　計画の策定

　上記(1)にて現状を把握し，事業承継を行う際の経営資源のあり方を見定め，そこをゴールとして設定し，そのゴールに向けた各対策を検討し，計画を策定していく必要があります（詳しくは第4章で説明します）。

　具体的なステップとして下記のような事項を分析し，ゴールを決定し，次ページのようなスケジュールを作成していきます。

　　・ヒトの承継：アセスメント

　　・モノの承継：組織診断

　　・カネの承継：財務診断

(3)　計画の実行

　計画の策定後，現経営者や後継者の意向の変化，業績の悪化など予期せぬ事態が起きる場合もありますので，都度，計画の修正等の柔軟な対応が必要です。

(参考) 事業承継カレンダー

#	項目		現在	2022	2023	2024	2025	2026
1	年齢	現経営者	67歳	68歳	69歳	70歳	71歳	72歳
2		後継者	48歳	49歳	50歳	51歳	52歳	53歳
3	職責	現経営者	代表取締役社長	代表取締役社長	代表取締役社長	代表取締役社長	代表取締役会長	代表取締役会長
4		後継者	営業本部長	XXX事業部長 取締役	XXX事業部長 取締役	XXX事業部長 専務取締役	代表取締役社長	代表取締役社長
5	役割	現経営者	経営全般の責任	経営全般の責任、対外的な活動、技術部門の統括				対外的な活動、経営監査業務
6		後継者	営業全体の長	事業戦略立案、後継者育成引継ぎ			後継者として経営の全般の責任を負う。対外活動以外はすべての責任を負う	
7	事業目的	事業目的	社会貢献	社会貢献	社会貢献	社会貢献	社会貢献	社会貢献
8		組織形態	機能別組織	事業別組織	事業別組織	事業別組織	事業別組織	事業別組織
9	タレントマネジメント	後継者	アセスメント実施	経営スキル (財務会計、ビジネス法務、事業本部長経験)			―	―
10	業績	売上	×××百万円	×××百万円	×××百万円	×××百万円	×××百万円	×××百万円
11		営業利益	××百万円	××百万円	××百万円	××百万円	××百万円	××百万円
12	事業割合	A事業	70%	70%	70%	65%	60%	60%
13		B事業	30%	30%	30%	35%	40%	40%
14	資本政策			ホールディングス化				
15	相続税対策					退職金支給	株式贈与	
16	承継施策		新人事制度導入 事業部制 タレントマネジメント実施					

第2章
経営承継の基礎知識

1 経営承継とは

⑴ 事業承継とは

　現経営者から後継者へと事業を承継する。いわゆる事業承継ですが，「株式承継・資産承継」と，形式的な「代表者の変更」だけで考えて良いのでしょうか。

　中小企業庁の事業承継ガイドライン（平成28年12月）において，「事業承継とは文字通り『事業』そのものを『承継』する取組であり，事業承継後に後継者が安定した経営を行うためには，現経営者が培ってきたあらゆる経営資源を承継する必要がある。」とされています。現経営者の培ってきた「事業」の全てを後継者が引き継いでいくため，「事業」にはどのような経営資源があり，その経営資源を後継者が適切に引き継ぐための課題を見極め，「株式承継・資産承継」と併せて，現経営者の「事業」を後継者に承継していく必要があります。

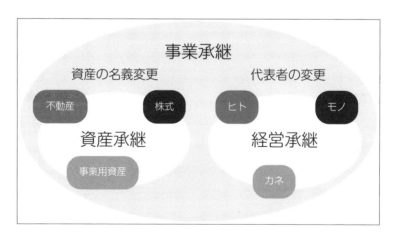

(2)　経営資源とは

　本書では，現経営者の培ってきた経営資源を「ヒト・モノ・カネ」の項目に分類し，それぞれについて区分ごとに確認していきます。第2章において，各項目にどのような経営資源があるのかを考え，第3章において，各経営資源のうち，測定の必要な項目について，測定方法を検討し，承継する上でどのように考える必要があるのかを検討しています。

　なお，企業活動は静態的ではなく動態的であり，環境や経営資源も日々変化していきます。経営承継フェーズでの経営資源の引き継ぎにおいて将来における変化や影響を考慮することは大変複雑です。もちろん本来的な経営承継を考える上では当然に日々の変化の係数も考慮し，検討していく必要がありますが，論点を明確にするためにも，本書における経営承継は「現経営者の培った現状の経営資源を後継者に承継する」ということに限定し整理していきます。

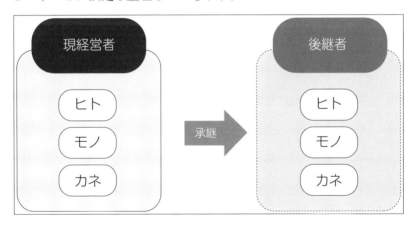

⑶ ヒト・モノ・カネへの視点

　経営資源をヒト・モノ・カネに分類し捉えることとしていますが，経営承継の当事者を「現経営者」「後継者」「会社」に分類し，各当事者がそれぞれどのように捉えているか，また，「現経営者の行う事業」における経営資源から後継者が事業を行うに当たり必要となる経営資源に変化させていく際，現状の経営資源を変化させるべきかを考える必要があります。

　例えば，現経営者の強いリーダーシップに依存する組織である場合，後継者がそのままの形のまま引き継げるでしょうか。

　そのため，各当事者ごとに下記のような視点で経営資源をそれぞれどのように捉え，今後，どのように変化させていくべきなのかを考えることが大切です。

	ヒト （知識・資質）	モノ （組織・機能）	カネ （財務体質・資金力）
現経営者	「現経営者自身」 について	現経営者の行う 事業における 「現経営者の」 経営資源	現経営者の行う 事業における 「現経営者の」 経営資源
後継者	「後継者自身」 について	現経営者の行う 事業を承継する際 「後継者のための」 経営資源	現経営者の行う 事業を承継する際 「後継者のための」 経営資源
会社	現経営者・後継者を サポートする 「経営幹部自身」 について	現経営者の行う 事業を承継する際 「会社自身のための」 経営資源	現経営者の行う 事業を承継する際 「会社自身のための」 経営資源

⑷　短期的，中期的，長期的な視点

　経営承継にはやるべきことが多く，中長期的に取り組むべきものも多くあります。その間，環境の変化などに合わせ，経営資源も変化させていくことが必要です。そのため，初期に分析した内容について時間の経過と共に変化させるべきものも出てくることになります。

　また，全てのことを短期的に同時に進めることは困難です。そのため，優先順位を付け，フェーズ（短期・中期・長期）ごとに項目を並べていくと，やるべきことを整理し計画を立てやすくなります。

　下記の表のような整理を行い，各項目について優先順位を考え，ロードマップを作成することで，優先順位の整理を行うことができます。

　具体的な事例として，第4章においていくつか実際の例に沿って解説をしています。

	ヒト （知識・素質）	モノ （組織・機能）	カネ （財務体質・資金力）
短期的	現経営者 アセスメント	組織診断 （課題整理）	財務診断 （課題整理）
中期的	後継者 アセスメント	経営診断 （成長支援）	中期事業計画
長期的	ハイポテンシャル人材 アセスメント	経営診断 （成長支援）	中期事業計画

2 | 経営承継の進め方

(1) プレ経営承継からポスト経営承継まで

　経営資源について「①経営承継とは」で確認してきましたが，経営承継は当事者ごと，短期的・中期的・長期的な視点にてそれぞれ区分して考え，経営資源について把握することから始まります。その後，把握した経営資源を「現経営者の行う事業」から「後継者の行う事業」に承継するために，計画を立て，実行していくには，①プレ経営承継期間，②経営承継実行期間，③ポスト経営承継期間に区分して整理していく必要があります。

(2) プレ経営承継期間

　実行に向けた準備段階です。

　現状分析から，課題を明確にし，ロードマップに沿った具体的な計画を作成していきます。

　プレ経営承継期間における最も重要なことは，現経営者と後継者が互いに認め合うことです。それぞれの経営資源をどのように捉えているかは本章で詳細を説明しますが，現経営者の捉え方を後継者が，後継者の捉え方を現経営者がそれぞれを理解し，認め合うことで円滑な経営承継を行うことができるようになります。

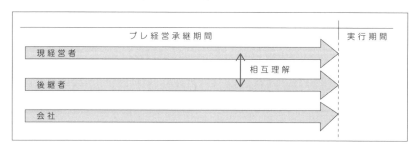

(3)　経営承継実行期間

　準備が整い，現経営者から後継者に事業を承継する段階です。

　現経営者が人生を捧げた会社をすべて一度に後継者に承継することは不可能に近いですが，スケジュールどおりに承継を進めるためには現経営者が後継者を理解し，信頼することが重要です。

　しかし，一度決めたとしても気持ちは日々変わっていきます。気持ちが揺れたとしても自制できるように工夫することも必要かもしれません。具体的には引退パーティーを盛大に開催するなど，従業員や得意先などの多くの関係者に証人になってもらうことなどを検討しても良いかもしれません。

(4)　ポスト経営承継期間

　承継実行後の新たな経営への移行直後の期間です。

　現経営者から後継者に事業が承継された後，経営資源ごとに現経営者の行う事業から後継者の行う事業へ適合する（主体が変わる）ようにそれぞれ移行していきます。

　ポスト経営承継期間において，会長や名誉顧問などの肩書きはもちろんですが，現経営者の新たな役割を作ることも重要です。現経営者が人生を捧げた会社を，将来のために後継者に譲ったとはいえ不安が残る現経営者から，必要に応じ助言を得るためにも，適正な距離や役割を決めておくことが重要です。しかし，影響力を考えると今までと同じままとはいきません。そのため，会社外や，会社内である場合には事業とは直接関係のない部門に居場所をつくるなど，現経営者の意向を尊重して準備しておく必要があります。

3 現状分析

　現状分析については，第4章にて詳細を説明していますが，ヒト（現経営者・後継者アセスメント），モノ（組織診断），カネ（財務診断）を通じて，現経営者の行う事業から後継者の行う事業へと移行することを前提に①強み弱みを検証（下図のステップ2「経営状況・経営課題等の把握（見える化)」）し，②目指すべき姿を共有し，③それに向け，移行する上での課題を抽出，改善方法を決定し，④改善を進めていきます（下図のステップ3「事業承継に向けた経営改善（磨き上げ)」)

◇**事業承継に向けたステップ**

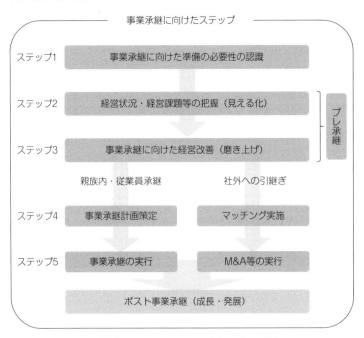

（出典：中小企業庁（事業承継ガイドライン平成28年12月))

　本書では経営承継を「現経営者の培った経営資源を後継者に承継する」ということに限定していますが，現状分析を行うことにより出てくる課題は2種類あります。「現経営者の行う事業として改善すべき課題」と「後継者の行う事業に向け改善すべき課題」です。

　「現経営者の行う事業として改善すべき課題」とは，現経営者が思う経営資源の活用について，現状課題認識はあるものの，現経営者の手腕によりカバーができていたり，優先順位で手がつけられていないなどにより後回しにされ，今に至ってしまっているものです。これは早期に改善することができます。

　「後継者の行う事業に向け改善すべき課題」が，経営承継を進めていく上で重要です。

　現状分析で抽出された課題について，いずれの課題に該当するものかを選別し，「現経営者の行う事業として改善すべき課題」については，早期に改善し，改善した状態で，後継者への承継を考えていくと課題が整理しやすくなります。

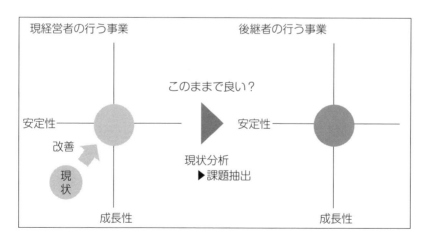

4 ヒトに関する項目

　ヒトの見える化は多様な方法があります。ここではイメージをつかんでいただくため，アセスメントを通じた経営者の価値観やパーソナリティ分析の概要を記載します。

　経営者アセスメントでは，①リーダーシップ，②ビジネススキル，③対人関係スキル，④自己管理スキルをヒトの経営資源と捉え，対象となる人（現経営者や後継者，経営幹部）がどのようなパーソナリティを有していてどのようなタイプかという点を分析します。

ビッグファイブ理論	価値類型論
パーソナリティの特性を5つの因子で説明	6つの類型について，その人がいずれをより重要視するかという観点からパーソナリティを分類

ビッグファイブ理論		価値類型論	
外向性	積極的であり，つねに強い刺激を求め，活動的	理論型	客観性，必然性，普遍妥当性を重視し，論理的思考を持つ
協調性	共感性や思いやりをもって，人と親和的な協調関係を結ぶ	経済型	経済的価値を重視し，行動よりも結果を求める
勤勉性	意志が強く勤勉に生きようとする	審美型	個性や内的形成力を重視し，美的価値を求める
情緒安定性	危険に対して敏感であり，危険を回避しようとして慎重に行動	宗教型	実体験よりも概念的なもの（精神的形象）を重視し，博愛的
知性	遊び心があり，新しいものに好奇心をもって近づく「経験への開放性」ともいう	権力型	権力，生命力，存在エネルギーを重視し，他人を支配したいと願う
		社会型	全てのものに対する包括的な愛を重視し，協調性が高い

【引用文献】
『日本語におけるビッグ・ファイブとその心理測定的条件』富山大学 村上宣寛著
『主要5因子性格検査の尺度構成』富山大学 村上宣寛・村上千恵子著
『ビッグ5を臨床で使おう：総合科学としての性格5因子パラダイム』東京大学総合文化研究科　丹野義彦著
『文化と生活の諸類型1』『文化と生活の諸類型2』シュプランガー著　伊勢田耀子訳

　パーソナリティの類型として，本書では，特性論としてゴールドバークらによる「ビッグファイブ理論」と，類型論としてシュプランガーによる「価値類型論」に基づき分析をしています。なお，詳しい分析手法は，第3章の経営者アセスメントにて後述しています。

　経営者アセスメントによって現経営者や後継者のパーソナリティの分析ができたら，それによって現状はどのような組織・組織文化になっているか，今後はどのような組織・組織文化にするべきかという点を整理します。経営者としてあるべき姿がどのタイプであるかを決めることではなく，スキルや経験など，ある程度の訓練で補える部分と，元来持っているパーソナリティの部分とを分けて理解し，後継者のパーソナリティを活かしながら，足りない部分は組織で補うという形で，次世代の経営体制をつくっていく必要があります。

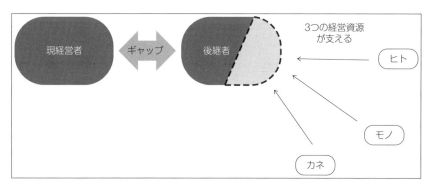

　次ページ以降では，具体的にそれぞれのタイプ別に，どのような組織になっているか，経営承継にあたりどのような対策が必要かという点をまとめています。

(1) リーダーシップ

　リーダーのパーソナリティの特性によって，リーダーシップのタイプ
も異なります。経営者の特性がどのようなものであり，組織能力が適し
ているかを確認します。

◇（チェックリスト）リーダータイプ

※下記のいずれに該当するかを判定

No.	内容	Check
1	業務遂行型	
2	チーム醸成型	
3	権力志向型	

【Point】
　現経営者のリーダータイプを分析して，それによって，現状
どのような組織になっているかを把握することがポイントです。

　上記のリーダータイプは，経営者のパーソナリティによってそれぞれ
のタイプに分かれるものと考えられます。どのリーダータイプが正しい
ということではなく，それぞれのリーダータイプに合わせた組織づくり，
執行体制がとれていることが重要となります。

No.1　業務遂行型（誠実性／宗教型）

　業務遂行型のリーダーは，責任感があり勤勉でまじめな傾向がゆえ，自らが計画的に業務遂行するいわゆるワンマン経営者です。現経営者がこのタイプの場合は，経営に関する意思決定から実務の重要な取引において現経営者を中心に回っている中央集権型組織であることが考えられます。経営の中核にいる人材も，データや結果重視のタイプが多いことが想定されます。

No.2　チーム醸成型（調和性／社会型）

　チーム醸成型のリーダーは，協調性が強く，組織として最善の選択をして行動を起こすことができるいわゆるサーバントリーダーシップを有する支援型経営者です。現経営者がこのタイプの場合は，組織としての目標が明確で団結力が高く，社員一人一人が自身の能力を発揮しながら自発的に行動できるティール組織に近いことが考えられます。

No.3　権力志向型（外向性／権力型）

　権力志向型のリーダーは，野心家であり権力志向が強く，頭の中のイメージで経営判断ができるいわゆるカリスマ経営者です。現経営者がこのタイプの場合は，経営判断となる情報や会社の方針など経営において重要な指標が見える化できていないことが多いと考えられます。経営者への信頼が厚く団結力は高い一方，経営者がいなくなった場合に組織として機能しなくなる危険性も高いといえます。

ヒト
モノ
カネ

現
後継
会社

26

(2) ビジネススキル

　ビジネススキルとは，技術力や事業理解はもちろんのこと，データに基づく思考力や計画実行力のような，いわゆる現場力のことを指します。

◇ （チェックリスト）チェックポイント

※下記のいずれに該当するかを判定

No.	内容	Check
1	戦略思考が強い	
2	意思決定力が強い	
3	いずれにも該当しない場合	

【Point】
　現経営者の志向性によってどのようにビジネススキルを活かしているかを分析します。

　経営者として事業推進を進めていくためには高い自己実現欲求が求められ，事業理解の上，新たなことに挑戦していかなければなりません。No1の戦略思考やNo2の意思決定力に関しては，経営者のパーソナリティによってそれぞれの特性に影響するものと考えます。戦略思考よりも組織能力をベースとした意思決定や合議制による意思決定としている場合には，それに合わせた組織や仕組みが整っていることも重要です。

No.1　戦略思考が強い（開放性／審美型・経済型）

　好奇心が強く審美性や営利志向が強いパーソナリティを有している場合には，外交的でありながら自分の価値観を大切にするため，創造性に富み，戦略思考が比較的強くなることが考えられます。具体的には，未来を先読みし，論理的思考に基づき戦略を策定できる資質を指します。戦略思考が比較的強い先代経営者の場合には，経営者からの発信に柔軟に対応できる組織になっていることが多いと想定されます。

No.2　意思決定力が強い（誠実性／理論型）

　学習意欲が高く，科学的思考が強い場合には，問題の分析や解決を得意とし，計画的に物事を進められるため，意思決定力が比較的強くなることが考えられます。具体的には，自身の信念に基づいた強い意志を持っていることと，決断力があり，客観的かつ合理的な意思決定ができる資質を指します。意思決定力が比較的強い経営者の場合には，トップダウンで意思決定が行われる組織になっていることが多いと想定されます。

No.3　いずれにも該当しない場合

　いずれにも該当しない場合には，社員が自発的に問題発見をする風土の強い組織になっていることが多いことが想定されます。また，意思決定のフローもボトムアップで行われる組織になっていることが多いと想定されます。

ヒト　モノ　カネ

現　後継　会社

⑶　対人関係スキル

　対人関係スキルは，人を動かす力，組織を動かす力のことを指し，社員から慕われ信頼される資質のことをいいます。

◇（チェックリスト）チェックポイント

※下記のいずれに該当するかを判定		
No.	内容	Check
1	対人影響力が強い	
2	信頼関係構築スキルが強い	
3	いずれにも該当しない場合	

【Point】

　社員のモチベーションや結束力の向上のためには，無条件にこの人についていきたいと思わせる求心力が重要です。

　対人関係スキルは大きく分けて，No1.対人影響力とNo2.信頼関係構築スキルがありますが，いずれも経営者のパーソナリティによってそれぞれの特性に影響するものと考えられます。現経営者がこれらの特性を強みとしている場合には，経営者が求心力を発揮できていると考えられます。

No.1　対人影響力が強い（外向性／社会型）

　社交的で友好性が強いパーソナリティを有している場合には，人間関係構築が得意で対人影響力が比較的強くなることが考えられます。具体的には，コミュニケーション能力が高く，チームビルディングが得意な一方，自身からの発信が多く相手の話をあまり聞かないタイプの人が多い傾向にあります。

　対人影響力が比較的強い経営者の場合には，組織の団結力が高く社員が同じ方向を向いてモチベーション高く働くことができる組織になっていることが多いと想定されます。

No.2　信頼関係構築スキルが強い（調和性／宗教型）

　対人感受性が比較的強く利他主義なパーソナリティを有している場合には，信頼関係構築スキルが比較的強くなることが考えられます。具体的には，行動と言動が首尾一貫していて，かつ，相手のことを人として信頼することができます。社員一人一人との関係を重視し，相手に寄り添って相手のことを理解することができるため，単なる経営者と社員の関係を越えて，必要な時には私生活にも真剣にかかわるなど，人と人の対等な関係を築ける資質ともいえます。

　信頼関係構築スキルが比較的強いタイプの人は，人材育成能力に長けていることが多いです。

No.3　いずれにも該当しない場合

　いずれにも該当しない場合には，社員が自由に個人の特性を発揮できる自発的な組織になっていることが多いと想定されます。一方で，個々が強いため，組織としての団結力は比較的弱くなることが想定されます。

ヒト
モノ
カネ

現
後継
会社

⑷ 自己管理スキル

　自己管理スキルは，高いセルフマネジメント力があり，客観的に自己をとらえて冷静な判断ができる資質を指します。経営者になるためには，必要な資質といえます。

◇（チェックリスト）チェックポイント

※下記のいずれに該当するかを判定

No.	内容	Check
1	プロフェッショナルの自覚があるか	
2	柔軟性が強いか	
3	ストレス耐性が強いか	

【Point】
　経営者は数々の重要な決断に迫られ，時には失敗することも避けられないため，精神的に耐えうる資質が重要とも考えられます。

　チェックリストの3つの項目は，いずれも適応性という資質を構成し，経営者になるためには必要なものといえます。適応性とは，自信があり自己受容的で，ストレス下において安定した判断を行える資質であり，リーダーとして会社を牽引していくために重要な資質です。

No.1　プロフェッショナルの自覚があるか

　経営者は現状に満足せず，さらなる高みを目指していく必要があるため，現状を理解し，プロフェッショナルとしての自覚を持ちながら，自己を客観的にとらえるセルフマネジメント力が高いことが想定されます。

No.2　柔軟性が強い（調和性）

　調和性に長けていて，豊富な経験に基づく適応性や多様性，物事の本質を理解して原点回帰することができるパーソナリティを有している場合には，柔軟性が比較的強くなることが考えられます。具体的には，時代や環境の変化に柔軟に対応し，また，反対意見にも耳を貸すことができ，時には失敗を受け入れることができる資質を指します。

No.3　ストレス耐性が強い（情緒安定性）

　情緒安定性が強くポジティブ思考なパーソナリティを有している場合には，ストレス耐性が比較的強くなることが考えられます。具体的には，必要以上に神経質になりすぎず，時にスルーすることもできる鈍感力のある資質を指します。

ヒト

モノ

カネ

現

後継

会社

5 モノに関する項目

　会社のモノ（事業や組織，機能に関する項目）については，以下の5つの区分に分けて整理することができます。

① 　戦略
② 　マーケティング
③ 　組織
④ 　管理
⑤ 　IT

　①戦略は，事業戦略のみならず，経営理念から始まる会社の大きな経営方針，将来の方向性なども含めた広義での戦略として意味づけています。

　②マーケティングは，自社の事業価値や競争力，市場での位置を把握し，適切な商品開発ができる体制づくりについて触れています。

　③組織は，組織の仕組みや機能づくり，マネジメントや人材育成の制度について説明をしています。

　④管理は，経営に必要な情報の管理体制がどのようになっているかという点，また，その情報をどのように活用できるかという点に触れています。

　⑤ITは，IT環境が足りているのか，足りていないのであれば何をするべきかという点を分析することを記載しています。

　これら5つの項目について，現経営者，後継者，会社それぞれの立場から検討をするべきことを整理して対策することで，より効果的に事業承継を進めることができます。

◇モノに関する項目の構成

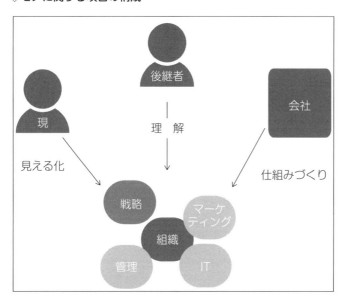

　特に，現経営者自身が，経営に必要な情報の「見える化」をして後継者が現経営者の経営を理解し，「見える化」により整理されたノウハウや情報を「仕組み化」することで，現経営者による属人的な経営を，組織で対応できる経営にすることが目的となります。また，後継者はその「仕組み化」を自身で進めることによって，会社の理解をより深め，経営者としての育成にもつなげることができます。

(1) 現経営者側のポイント

① 戦略

現経営者が会社の事業承継についてどのような「想い」を持っているのか，会社の将来をどのように考えているのかを確認する必要があります。

◇（図表）チェックポイント

No.	内容	Check
1	経営理念についての現経営者の想いを確認したか	
2	現経営者が考えるコア・コンピタンスは何かを確認したか	
3	今後の事業拡大の方向性を確認したか	
4	事業承継に対する想い，本人の意向を確認したか	
5	事業承継の予定時期等の意向を確認したか	

【Point】

現経営者の「想い」を確認し，会社の事業承継についての考えを理解した上で，現経営者の意向を尊重することが重要です。

最初の段階で，現経営者がどのような「想い」を持っているかをしっかりと理解することが重要です。会社の事業承継の悩みは，なかなか他の役員や従業員に相談できず，経営者が一人で悩んでいることが多くあります。それがゆえに社員の理解を得られにくいこともあるので，事業承継を進めていく中では，経営者の「想い」を理解して現経営者と後継者・社員の間の通訳の役割を担う第三者も必要となります。

No.1，2，3

　経営理念とは，会社の存在意義や社会的な役割であり，創業者が会社を立ち上げた理由やその歴史にもつながります。事業承継では，その「想い」も一緒に引き継ぐことが重要です。また，コア・コンピタンスを正しく認識して活かすことで将来の事業展開につながります。経営理念を目的とし，コア・コンピタンスを軸にすることで，さまざまな経営判断の場面で正しい選択ができるようになります。現経営者は無意識にできていることが多いですが，これを明確にして後継者へ伝えることが重要です。

No.4

　今の会社があるのは現経営者の功績によるところが大きいことが通常であり，後継者はさまざまな状況があるとはいえ，現経営者の立場に入れ替わることとなります。そこで，円滑な事業承継を行う大前提として，現経営者が「事業承継」に関してどのような「想い」を抱いているのかを確認し，尊重することで，スムーズな事業承継を行うことができます。

No.5

　後継者が決定されていたとしても，意外と漠然としているのが事業承継の予定時期です。現経営者に事前に宣言をしてもらい，決定事項としてスケジュールを立て，後継者に覚悟を固めてもらう指標としても予定時期は明確にする必要があります。また，一度決めた時期に関しては，よほどのことがない限りは変えないことが望ましいです。

ヒト　モノ　カネ　現　後継　会社

② マーケティング

現経営者がマーケティングをする際に，どのようなプロセスで意思決定をしているかを確認します。

◇（図表）チェックポイント

No.	内容	Check
1	現状のマーケティングにおける問題発見，課題解決，意思決定のフローを確認したか	
2	差別化戦略を確認したか	
3	会社の競争力（技術力・商品力・優良顧客の存在・情報収集力・経営ノウハウ等）の状況と将来の見通しを確認したか	
4	コア・コンピタンスの持続性を確認したか	

【Point】

　現経営者の事業における経験やノウハウ（マーケティング）は，会社にとって最も価値のある財産です。これをしっかりと見える化して承継することが大切です。

　後継者が承継について自分のものとして進めていくためには，現経営者のノウハウを後継者に伝えることと，現経営者が後継者に任せられる関係性づくりが必要です。そのため，コミュニケーションを密に取り，意見をぶつけあいながらお互いの理解を深めなければなりません。

No.1

　現経営者が一人で全て行っていたのであれば，現経営者の頭の中の思考過程を見える化し，そのノウハウをできる限り後継者へ伝えることが必要です。また，マーケティングが得意な人材がいる場合にはしかるべき役職につけて後継者をサポートできる体制づくりも必要です。

No.2，3

　会社の競争力について，現経営者がどのような考えを持っているかを見える化し，後継者と議論してもらうことも有効です。現経営者の考えが正しいとは限らないため，後継者なりの考え方も時には尊重すべきです。とことん議論することでお互いの理解も深まり，現経営者と後継者で意見が食い違う時も，後継者を尊重することができます。

No.4

　コア・コンピタンスが将来にわたって持続可能なものなのか，持続可能でないのであれば，どのような転換が必要なのかを分析して確認しておくことが必要です。

　万が一，持続可能性が極めて低く，転換しても将来性が見込めない場合には，次世代への承継ではなく廃業などの選択肢も検討するべきともいえます。

③ 組織

現経営者が後継者に事業を承継するまでの準備として，引き継ぎやすい体制づくりを進めることが有効です。

◇（図表）チェックポイント

No.	内容	Check
1	後継者を定め，計画的に承継を進めているか	
2	後継者へ事業を引き継ぐまでの組織計画は明確か	
3	現経営者の意向が後継者に明確に伝えられているか	
4	現経営者からの後継者の指名や指名理由について，社内外に向けて明確な意思表示や説明が行われているか	
5	株式（議決権）について経営層が支配できているか	

【Point】

　後継者が経営するための組織づくりについて計画を立てて段階的に進めるためには，現経営者が主体的に取り組むことが重要です。

　現経営者は，これまでの歴史と信頼がありますから，社員や取引先，株主などすべての関係者に対して，現経営者の口から事業承継の意向とそのための準備として必要なことの説明をすることが有効です。そうすることで後継者に対する理解も深まり，承継後の経営を円滑に進めることにつながります。

No.1, 2

　後継者へ事業を引き継ぐにあたって，後継者が引き継ぎやすい組織体制を整えておくことが必要です。具体的には，まず①現状の組織に問題点はないか（会社側のポイントにて後述します。），②後継者に合わせた組織がどうあるべきか（後継者側のポイントにて後述します。），そして，③①の問題点を解決して，②の組織にするための，段階的な計画づくりをする必要があります。

No.3, 4

　後継者が経営をしやすい環境づくりのために，社員に対しては指名理由と承継をしようとするに至った想いをできるだけ現経営者の言葉で伝えることで，社員の納得感が高まり受け入れられやすくなります。また，取引先その他関係者へ明確に伝えることもその後の関係性のために重要です。現経営者は，大切な会社の将来が不安ですから，いざという時に迷いが生じることもよくあります。公言することで後戻りがしづらくなり，計画通りに承継を進める後押しになる，という効果もあります。

No.5

　議決権が分散してしまっていたり，経営に関与していない人が議決権を有していたりすると，後継者の代になったときに経営に不都合が生じる場合があります。現経営者の代の間に，分散している株式を現経営者に集約しておくなどの対策が必要です。

ヒト
モノ
カネ

現
後継
会社

④　管理

　民法や会社法の観点からの問題点や不足しているものがないかどうかを確認，整理します。

◇（図表）チェックポイント

No.	内容	Check
1	事業上の重要な契約は締結されているか	
2	事業上の重要な契約において損害賠償条項など不利な契約はないか	
3	株主総会は適切に執り行われており，議事録が作成されているか	
4	会議は適正に行われており，議事録が作成されているか	
5	定款は現行法令に準拠したものになっているか	
6	社内規程に不足はないか	

【Point】
　非上場会社の場合には，必ずしも形にとらわれるのではなく，自社の実態に則した形となっているかどうかを確認するとよいでしょう。

　現状の実態が，法的に問題がない管理体制であることを確認して，後継者に承継をした後にトラブルが生じないようにしておきましょう。

　定款や社内規定は過去に作られたものが更新されず実態に則していないままであることも見受けられるため，実態に合わせて更新することも必要です。

⑤　IT

　従来は書類で行っていた業務について，システム化できるものがないか確認をして，可能な範囲でシステム化を進めることが有効です。

◇（図表）チェックポイント

No.	内容	Check
1	システム化できるものの棚卸をしたか	

【Point】
　システム化できる業務の棚卸は，現経営者が行い，そのシステム化については後継者が進めると効果的です。

　事業承継は，それまでのやり方を見直す良い機会です。後継者は一般的に現経営者より年齢が若く，比較的 IT にも強いことが多いため，後継者に合わせた仕組みづくりを進める機会にもなります。後継者が先陣を切ってこの取り組みを行うことにより，現経営者の業務内容の理解と同時に，IT 化のプロジェクトを後継者が主導する新規プロジェクトとすることで，後継者が信頼を得るための取り組みとして有効だと思われます。

(2) 後継者側のポイント

① 戦略

　会社のこれまでの成り立ち，現状置かれている状況や業界における地位，そして将来の方向性を，後継者自身がしっかりと理解して考える必要があります。

◇ （図表）チェックポイント

No.	内容	Check
1	経営理念や現経営者の会社への想いを理解しているか	
2	コア・コンピタンスを特定できているか	
3	外部環境分析を行っているか	
4	内部環境分析で自社の強みや弱みを把握しているか	
5	自社の競争上の地位は明確になっているか	
6	事業展開の方向性や戦略を持っているか	

【Point】

　現経営者の「想い」や会社が大切にしていることをしっかりと理解した上で，後継者自身が戦略を考えることが重要です。

　長期的な目線で事業承継を成功させるためには，後継者が，会社の経営者として，将来の戦略を正しく打ち出し，的確な経営判断ができるようになることが必要です。また、正しい戦略とは，経営理念に則って進むべき方向を見定め，現状の課題を明確にし，その課題解決のための施策であることが必要です。

No.1

　経営理念に込められた現経営者の「想い」を理解することが必要です。そのためには，現経営者と後継者の間で何度も話を重ねて，後継者が理解できるまでとことん議論をするべきです。想いを理解した上で，後継者なりの経営をすることも一つの選択肢ですが，会社にとって絶対に譲れないもの，守らなければいけないものは何かということを理解することが，会社を長く発展させるためには重要です。

No.2, 3, 4, 5

　事業価値の源泉であるコア・コンピタンスを特定することが必要です。コア・コンピタンスを見失ってしまうと，戦略決定の際に自社の強みを自ら捨ててしまう危険性があります。外部環境分析，内部環境分析及び競争上の地位の分析によって特定する必要がありますが，その分析結果が現経営者の考えと一致しているか，そうでなければどのような違いがあるかを確認することが有効です。

No.6

　分析に基づき，具体的な戦略を立てます。過去ではなく将来的にどのような事業展開をするかという意思決定の過程を，後継者が主導で行うことが必要です。最初のうちは現経営者のアドバイスをもらいながら進めることで，経営者としてのノウハウも後継者へ承継することが期待できます。

ヒト
モノ
カネ

現
後継
会社

44

② マーケティング

　後継者教育の一環として，マーケティングの分析手法と意思決定の方法を学ぶことも必要です。

◇（図表）チェックポイント

No.	内容	Check
1	差別化戦略があるか	
2	競合他社の分析ができているか	
3	ポジショニング分析ができているか	

【Point】
　自社の置かれている状況と，自社の強み及び市場の動向を分析して，差別化戦略を導くことが必要です。

　マーケティングの手法を学んで，実際に戦略を立ててみることが有効です。後継者育成の一環として，経営幹部を巻き込んだ研修の場でこのような取り組みを行い，現経営者からの指導も受けながら戦略を立てることが，人材育成も兼ねた事業承継への取り組みとして効果的です。

No.1

　後継者自身が差別化戦略を考えておく必要があります。現経営者の考える差別化戦略との違いや，その戦略決定までのプロセスの違いを把握して，現経営者から教わることができる部分は習得し，後継者自身の考えとして活かせるものは活かしながらその差別化戦略を明確なものにしていきます。また，この議論は必要に応じて，後継者だけでなく後継者を支える経営層も参加して議論すると，より効果的だと考えられます。

No.2

　競合他社の分析は，マーケティングを行う上で非常に重要です。競合他社を理解し，分析を行うことで自社の差別化ができます。日々の情報収集や，ポジショニング分析などの分析手法を活用して，競合他社の分析を深めることが必要です。

No.3

　ポジショニング分析とは，顧客に認知されたい自社のポジションが，実際にどのように顧客に認知されているかを分析する手法です。市場の中において自社の置かれている立ち位置を把握したり，自社製品の競争力を把握したりするための手法です。

　自社のポジションは，自社の施策のみで変化するわけではなく，競合他社の動きや市場の動向などに影響されることもあります。客観的な視点で判断することが求められます。

③ 組織

　後継者の志向性を分析して，後継者に合わせた組織体制をつくることが必要です。

◇（図表）チェックポイント

No.	内容	Check
1	現経営者と後継者の志向性の違いを把握したか	
2	後継者の経営能力や経験の不足を補佐してくれる補佐役の存在の有無を確認したか	
3	後継者の経営の補佐役が経営層として機能する組織になっているか	
4	取締役の機能には問題はないか	
5	会社の役員の構成，各役員の年齢，能力を確認したか	
6	役割に応じた職務権限が明確になっているか	

【Point】

　現経営者の代わりを，後継者1人で補うのではなく，後継者を筆頭とする「組織」で補うことが望ましいです。

　現経営者は，一般的にワンマン経営者でカリスマ性があることが多く，現状の組織は現経営者に合った組織になっていることが想定されます。現経営者と同じ能力で同じ志向性の後継者を見つけることは困難なため，後継者の足りない部分を組織で補う必要があります。

ヒト
モノ
カネ

No.1

　現経営者は長い間経営を行ってきた経営のプロですから，同じ能力の後継者を見つけることはほぼ不可能といえます。大切なのは，何が不足しているかを明確に把握して，その不足している部分を補う補佐役を育てることです。志向性の違いはヒトの項目にて先述しています。

No.2, 3, 4

　後継者の補佐役が経営層として機能するようになっているかを確認します。まずは補佐役がだれで，どのような役割か，自覚があるかを確認します。また，権限が委譲されているかなども確認しておきます。取締役会や経営会議をどのように運営して，どのように意思決定をするかというルールを作っておくことも重要です。

No.5, 6

　それぞれの役職に対して一定の権限を与えることは会社経営上必要なことですが，職務権限規程にそのルールをしっかりと定めて明確にしなければ，トラブルの原因となります。職務権限を明確にすることで，後継者が必要最低限の重要な経営判断に集中できるようになり，また，社員側も一定の権限を明確にしてもらうことで，責任感が強くなり当事者意識が高くなる効果もあります。

現
後継
会社

④ 管理

後継者が会社の経営の理解をするために必要な管理機能が整っているか確認します。

◇（図表）チェックポイント

No.	内容	Check
1	経営判断に必要な業績管理ができているか	
2	経営管理指標（KPI：重要経営指標など）を明確にし，投資計画，予算策定，事業計画策定ができているか	

【Point】

　計画が策定できていない場合には，後継者が主体的に，事業計画などの策定を進めることが有効です。

　投資計画，事業計画に基づき予算策定をして，予算と実績の比較をしながら会社の業績を振り返るという経営判断ができる体制づくりが必要です。まだ計画がないのであれば，後継者を主体に，現経営者はアドバイスをしながら計画の策定をすると，後継者教育の効果も期待できます。

ヒト
モノ
カネ

⑤　IT

IT化の推進は，後継者を主体に検討して取り入れると，後継者の世代になった時により効果的と考えられます。

◇（図表）チェックポイント

No.	内容	Check
1	クラウド化の検討をしているか	
2	企業内外でのITの活用の検討は進んでいるか	
3	ERP（企業資源計画：Enterprise Resource Planning）の検討は進んでいるか	

【Point】
　クラウド化やIT化は，後継者が主体となって進める新規プロジェクトの1つとして有効です。

現
後継
会社

後継者の資質にもよりますが，ITに強い資質を持っているのであれば，まずは得意分野で会社に貢献して，成功体験にすることも重要です。ただ，従来のやり方を変えることは，古くからいる社員には受け入れられにくいことが多いため，現経営者の理解のもと，慎重に進めることも必要です。

(3) 会社側のポイント

① 戦略

事業戦略，行動指針，アクションプラン，KSF，そして評価制度まで，それぞれが一貫して経営理念に則ったものになっているかを確認します。

◇ (図表) チェックポイント

No.	内容	Check
1	経営理念や行動指針は従業員に浸透しているか	
2	アクションプランを策定しているか	
3	KSF（成功要因：Key Success Factor）が確認できているか	
4	行動指針を体現することが評価へつながる仕組みになっているか	

【Point】

　経営理念が「文字」ではなく，「信念」として従業員に浸透していて，会社が求める日々の行動や会社の方向性も一貫していることが重要です。

　行動指針を体現することで，経営理念と業績としての利益に結び付き，それがしっかりと従業員へ還元されるという大きな枠組みがあると，好循環を生み自然とより良い方向へ成長できるものと考えられます。

No.1，2

　経営理念は，会社の存在意義や社会的役割であり，行動指針は，経営理念を体現するための日々の従業員のとるべき指針です。社是，社訓として掲げている会社もあります。これを従業員一人一人が覚えているだけではなく，理解して共感し，日々体現できている状態が理想です。また，浸透させるためには，行動指針の通りに行動することを正とするように会社の仕組みも一貫性を持っていることが重要です。

No.3

　KSFとは，重要成功要因であり，これを達成することで業績につながるものと考えられています。KSFに則って行動指針を求めることで，会社の経営理念の実現と業績の達成が同時に満たされることになります。会社の存続のために利益は欠かせないものです。理念と利益が同時に実現できる仕組みが必要です。

No.4

　従業員一人一人のモチベーション維持のためにも，人事評価制度にも一貫性が求められます。行動指針を体現すればするほど評価され，給与に結びつく仕組みを作ることで，従業員のモチベーションも向上し，会社全体に良い影響を与える体制が構築できます。

　会社が求める人材がより評価される仕組みを作ることで，社員が「求める人材」に向かってより成長することが望め，人材育成にもつながります。

ヒト
モノ
カネ

現
後継
会社

② マーケティング

マーケティングに関する社内の体制が整っているかを確認して，不十分な部分がある場合には見直しをすることが必要です。

◇（図表）チェックポイント

No.	内容	Check
1	マーケティング担当者がいるか	
2	顧客が重要にしているKBF（購買決定要因：Key Buying Factor）は認識できているか	
3	広告戦略により積極的な販売促進活動を行っているか	

【Point】

　組織的に，マーケティングに対応できる部隊を作ることが有効です。

　マーケティングの部署を作ることができればベストですが，それが難しい場合には，経営層で対応できるような体制を作る必要があります。日々変化する市場環境に対して，いち早く対応することが求められますので，後継者一人に任せるのではなく，組織でフォローできる体制づくりを目指す必要があります。

No.1

　マーケティングの担当者がいるか，人材が不足していないかを確認します。不足している場合には，どのように補填するかを考えますが，選択肢としては，外部から採用するか，社内で育成するか，になります。中小企業の場合は，外部からの採用が難しい場合が多いので，社内で育成するためには，経営幹部研修を通して育成することが望ましいと考えられます。

No.2

　KBF とは，購買決定要因であり，例えば「価格」「品質」「速さ」「ブランド力」などの顧客が商品の購入の際の判断材料にする要素のことです。この購買決定要因を正しく理解して，自社の強みはどこにあるのか，どこで優位性を担保するのかを把握しておくことが重要です。

No.3

　広告戦略などの販売促進活動の状況を確認することも必要です。どのようなルートで新規顧客を増やしているか，その方法が適切なのかを確認します。

ヒト
モノ
カネ

現
後継
会社

③　組織

　会社としてあるべき組織の形になっているか，組織としてうまく機能しているか，現状の問題点はなにかという点を把握する必要があります。

◇（図表）チェックポイント

No.	内容	Check
1	従業員が当事者意識を持ってモチベーション高く働けているか	
2	能力開発はうまくできているか	
3	賃金制度や人事・評価制度を明確にしているか	
4	チームマネジメントはできているか	
5	オンとオフのコミュニケーションはいずれもうまく取れているか	
6	会議は有効に行えているか	
7	トップダウンだけではなく，ボトムアップで意思決定が行える体制になっているか	

【Point】
　会社がただの「集団」ではなく，同じ目標に向かうチームとしての「組織」になっていることが望ましいです。

　組織としてどうあるべきか，組織として動くことで，一人一人の能力の何倍もの能力を発揮できる状態にするためにどうすればよいかという点を検討して，対策をする必要があります。そうすることで組織の力が強くなり，後継者の経営を支えることにつながります。

No.1, 2, 3

　「組織力」が高い会社にするためには，社員一人一人が会社の一員として同じ方向を向き一致団結して成長することが重要です。会社の役割や目標に共感して，個人の貢献が会社への貢献につながり，個人の成長が会社の成長につながるという意識を持って働くことで「組織力のある組織」になり，高いパフォーマンスを発揮できます。そのために必要なことは，経営理念と行動指針と評価制度が首尾一貫して運用されていること，加えてチームマネジメントができていることです。

No.4, 5, 6

　マネジメントは，①どこに導くかというリーダーシップと，②業務内容を把握してコントロールする管理能力の2つに大きく分けられます。①については，一人一人の志向性に沿ってその人に合ったマネジメントが必要なので，よくコミュニケーションを取ることが重要です。

No.7

　組織全体で後継者の経営を支えるためには，経営層である役員に限らず，その下のマネージャーなどの中堅層の動きも重要です。社員と経営層の間に立って意思疎通をする役割を担ってもらうために，マネージャーにある程度の権限を与えることを検討します。そのためには，任せられるだけの人材の育成と，管理が行き届く組織にすることが必要です。

ヒト

モノ

カネ

現

後継

会社

④　管理

　一般的に必要な管理体制が整っているかを確認して，不十分な部分は直しておくことが必要です。

◇（図表）チェックポイント

No.	内容	Check
1	社内は整理整頓され，清潔に保たれている（5Sが徹底されている）か	
2	顧客満足度は把握できているか	
3	従業員満足度は把握できているか	
4	顧客管理システムによって重要な指標は管理できているか	
5	事業の価値源泉である知的財産は明確になっているか	
6	事業の価値源泉である知的財産は法律による権利が保護されているか	

【Point】

　経営に必要な情報を仕組みによって「見える化」して，経営判断に役立てられるようにすることが有効です。

　顧客満足度や従業員満足度を把握できる仕組みを準備することは経営判断をしやすくするために有効です。現経営者は肌感覚でわかっていることでも，後継者からすると難しいこともあるため，誰でも把握できるよう見える化しておく必要があります。

⑤　IT

　一般的に必要なシステム環境が整っているかを確認して，不十分な部分は直しておくことが必要です。

◇（図表）チェックポイント

No.	内容	Check
1	ハードウェアに問題はないか	
2	ソフトウェアは最新のものであり，問題はないか	
3	セキュリティ対策に問題はないか	
4	サーバーに問題はないか	

【Point】

　ITに強い人材が不足している場合には，人材の確保や，外部の専門家との連携などをして体制を整えておくとよいでしょう。

　システムが古くなっていて保守サービスが受けられないなどの問題があれば，早期に対策をしておくべきです。後継者へ引き継ぐ前に，現状の確認をしておく必要があります。

ヒト
モノ
カネ

現
後継
会社

6 | カネに関する項目

　会社のカネ（財務状態，株式の承継や事業用資産の相続などに関する項目）については，以下の4つの区分に分けて整理することができます。

① 　財務
② 　金融
③ 　相続
④ 　ポスト事業承継

　①財務は，会社の資産や負債，収益力など，経営数字に関する分析や将来の計画について触れています。正しい数字の把握ができ，それを経営に活用できているかという点がポイントとなります。

　②金融は，会社の現預金や借入金の状況についての項目となります。会社経営に必要不可欠な資金面について，金融機関との関係の承継も含めて記載しています。

　③相続は，会社の株式の承継や株主の整理，また，現経営者の相続対策についての項目です。同族会社では，現経営者の相続まで見据えて検討することで，将来のトラブルの防止につながります。

　④ポスト事業承継では，後継者に世代が交代した後にやるべきことを記載しています。世代交代した後の数年間が，その後の経営に非常に重要になるものと考えています。

　これら4つの項目について，現経営者，後継者，会社それぞれの立場から検討するべきことを整理して対策することで，より効果的に事業承継を進めることができます。

◇カネに関する項目の構成

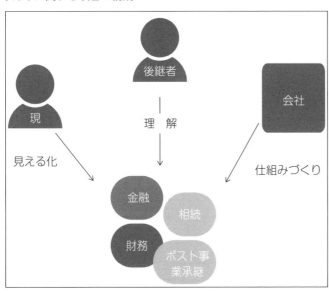

　モノに関する項目と同様，現経営者自身が，経営に必要な情報の「見える化」をして後継者が現経営者の経営を理解し，「見える化」により整理されたノウハウや情報を「仕組み化」することで，現経営者による属人的な経営を，組織で対応できる経営にすることが目的であると考えています。また，後継者はその「仕組み化」を自身で進めることによって，会社の理解をより深め，経営者としての育成にもつなげることができます。

(1) 現経営者側のポイント

① 財務

　会社の財務状態を現経営者自身が整理してから後継者へ承継することで，会社をより深く理解して事業を承継することができます。

◇（図表）チェックポイント

No.	内容	Check
1	主な資産の内容，帳簿価額及び時価評価額の状況を確認したか	
2	主な得意先に係る年間売上高，売掛債権残高，当社に対する信用等の状況を確認したか	
3	主な仕入先に係る年間仕入高，主な外注先に対する年間取引高等の状況を確認したか	
4	将来の退職金等の潜在的債務の状況を確認したか	
5	債務保証・簿外債務の有無を確認したか	

【Point】

　帳簿上見えない情報を，経営者が「見える化」することで，後継者へ「実体」の伴った承継ができます。

　財務の情報といっても，必ずしも全て帳簿を見ればわかるという訳ではありません。帳簿を整理することはもちろんですが，帳簿に載っていない情報を承継することがポイントです。

No.1

　会社の所有する資産及び負債のうち内容が不明なものはないかどうかを確認します。また，資産のうち帳簿価額と時価評価額に乖離がありそうなものについては，時価評価額を把握することで，所有する資産が含み益を持っているか含み損を持っているかを把握し，実態貸借対照表を理解することができます。実態貸借対照表を理解することで，会社の財務状態を的確に把握し経営判断に活かすことができます。

No.2, 3

　取引先ごとの情報を整理して見える化した上で，後継者へ承継することで，後継者がその後の取引先との関係性構築に活かすことができます。取引先ごとの情報とは，数値的な情報だけでなく，当社に対する信用，つまり，これまでの関係性構築の経緯や経営者の想いも含まれます。このような情報は属人的であいまいなことが多いため，経営者自身が重要な取引先から順に ABC のランクを付けて分類し，情報を見える化することで承継が円滑になります。

No.4, 5

　実態貸借対照表を理解するためにも，債務保証や簿外債務などの帳簿上見えない負債を管理することも重要です。先代経営者の代で整理をして明確な状態にしない場合，後継者自身が一から整理することは困難です。

ヒト

モノ

カネ

現

後継

会社

② 金融

金融面での重要なポイントを後継者にしっかりと承継することが必要
です。

◇（図表）チェックポイント

No.	内容	Check
1	運転資金（WC：ワーキングキャピタル）にはいくら必要かを確認したか	
2	金融機関との関係及び借入状況と返済能力の状況を確認したか	
3	借入に対する担保提供及び経営者の個人保証等の状況を確認したか	
4	リスクに対応する生命保険や損害保険の加入状況と，適正な保証額であるかどうかを確認したか	

【Point】
　資金面は経営にとって最も重要であるため，現経営者しか知
らないことが多いです。重要なことであるため，見える化し，
しっかりと後継者に伝えることが承継後の経営を円滑にするた
めに役立ちます。

資金は会社の血液ともいわれるくらい，経営にとって重要な資源であ
り，資金がなくなれば倒産に追い込まれてしまうため，資金面の対策を
十分にしておくことは会社の存続のために非常に重要なことになります。

No.1

　会社の経営上最も重要なことは，資金繰りを理解し管理できていることです。そのために，運転資金の把握と資金の流れを理解し，現経営者の認識や理解を後継者に伝えることが必要です。運転資金は一般的に，「売上債権残高＋棚卸資産－仕入債務残高」にて計算しますが，現経営者の感覚値とのズレがないかを確認する必要があります。また，後継者が作る資金計画などを確認しながら，現経営者の感覚値や考え方の違いを確認することで理解が深まります。

No.2，3

　借入金の状況や担保，保証の確認，そして金融機関との関係性を確認して，後継者に伝えることも必要です。現経営者が金融機関とのやり取りをしている場合には，後継者と一緒に挨拶に行き，徐々に金融機関との関係性を引き継いでいくことで，金融機関からの理解も深まり，また後継者も金融機関ごとの対応や考え方を理解することに役立ちます。

No.4

　節税目的で生命保険や損害保険に加入していることもあるかと思いますが，リスクに対して過度に多く加入していたり，全く加入していなくてリスク保全が不十分だったりしていないかを確認する必要があります。なかなか普段見直すことがない場合は，承継を機会に一度見直すことも有効です。

ヒト
モノ
カネ

現
後継
会社

64

③ 相続

現経営者の個人資産や相続税対策についての課題を整理します。

◇（図表）チェックポイント

No.	内容	Check
1	個人資産と会社資産の明確な区分がされているか	
2	法人への賃貸資産（事業用資産）の所有形態を確認したか	
3	法人への賃貸資産（事業用不動産）の所有形態を確認したか	
4	法人と経営者の間で，事業上必要ない貸付又は借入が行われていないか	
5	リスクに対応する生命保険や損害保険の加入状況と，適正な保障額であるかどうかを確認したか	
6	株主に相続が起きた場合の相続税の計算は行っているか	
7	株主に相続が起きた場合の相続人との協議は済んでいるか	
8	納税原資確保の方法として中長期的な方法を含め，各種の方法を検討したか	

【Point】

　法人個人一体で経営されているケースがあります。特に株式については多くの場合，現経営者が占有していることが多いため，現経営者の個人所有分の相続についても検討する必要があります。本書では資産承継については簡単に触れるのみにとどめますが，詳しくは前著『図解＆事例　株式承継の税務・法務・会計』をご参照ください。

No.1, 2, 3, 4, 5

　同族会社においては，現経営者の個人資産と会社の事業用資産が整理されていない場合が多いため，所有関係を整理する必要があります。

　まずは，資産の一覧と所有者の情報及び賃貸資産については契約書の確認をしましょう。つぎに，可能であれば事業用資産は買取り，金銭の貸借は精算しておくことが望ましいです。個人保証は外すことができないかを検討するとよいでしょう。

No.6, 7

　経営に関与していない株主や，高齢の株主がいる場合には，その株主の相続について予め考えておく必要があります。多くの場合，これらの株主は後継者とは面識はなく，現経営者としか連絡が取れないことがありますので，現経営者の代のうちに対策を取っておかないと，後々，全く見ず知らずの株主となってしまい，トラブルの原因にもなります。予め現経営者に株式を集約するか，会社で買取るなどの方法を取っておくことが必要です。

No.8

　現経営者の所有する株式を後継者へ渡すためには，贈与税や相続税などの税金がかかります。承継の手法とそれによる納税資金の確保の方法を総合的に検討しておくことが必要です。準備期間は長いほど対策も多く選択できるため，早めに検討をしておくことが有効です。

ヒト　モノ　カネ

現　後継　会社

④　ポスト事業承継

　後継者へ事業の承継をした後の現経営者の生活のことも検討しておく必要があります。

◇（図表）チェックポイント

No.	内容	Check
1	引退後の現経営者個人の人生について話をしたか	
2	現経営者の引退後の居場所を用意したか	

【Point】
　現経営者の引退後の生活を確保することで，現経営者にも事業承継を進めることに協力してもらうことが重要です。

　多くの経営者は，会社が家族のように大切で，仕事も生涯現役で活躍したいと思っています。口では承継すると言っていても，実際に承継するとなかなか後継者に任せることができず，ついつい口を出してしまうこともよくあります。

　事業承継には現経営者の協力が欠かせませんが，事業承継において大切なことは，「現経営者が元気なうちに」事業を承継することです。そのためには，元気な現経営者に，引退するという覚悟を持ってもらうことが必要になります。

　現経営者の引退後の人生について事前に考え，現経営者が安心して引退できるようにすることも事業承継において重要なことです。

No.1

　会社の経営者として邁進してきた現経営者にとって，経営者としての仕事は生きがいであり生活の中心であることがほとんどです。引退後の人生はプライベートなことかもしれませんが，事業承継においてはとても重大な問題です。プライベートなことであるがゆえに，なかなか相談してもらえないことも多く，実は事業承継が進まないボトルネックとなっていることもあります。

No.2

　引退後，居場所を用意することも重要です。具体的には，①役割，②肩書，③資金を用意することがポイントです。

　①役割は，生きがいにつながります。経営者としての役割を終えたら，経営者としてこれまで時間がなくてなかなかできなかったものの，本当はやりたかったことなどの役割を用意します。②肩書と③資金を用意することで引退後の心配も消え，安心して引退をすることができるだけでなく，引退後の生活にも安心することができます。

　このように，経営者以外の違う形で会社に関与できるポジションを明確に用意することで，後継者の経営を妨げることなく，ほどよく見守りながらサポートできる体制が作れるものと思われます。

ヒト

モノ

カネ

現

後継

会社

(2) 後継者側のポイント

① 財務

後継者が財務状況についての理解を深めながら，財務に関する資料を作っていくことが効果的です。

◇（図表）チェックポイント

No.	内容	Check
1	月次試算表が求める時期に作成され，最新の財務状況を把握しているか	
2	収益性（ROA，ROE，売上高総利益率，売上高営業利益率，売上高経常利益率）を把握できているか	
3	安全性（自己資本比率，流動比率，当座比率，固定比率，固定長期適合率，インタレスト・カバレッジ・レシオ）を把握できているか	
4	効率性（総資本回転率，売上債権回転率，棚卸資産回転率，有形固定資産回転率）を把握できているか	
5	損益分岐点を把握できているか	
6	設備投資の回収までの投資計画の策定はできているか	
7	予算策定，事業計画策定は行えているか	
8	事業継続計画（BCP）の策定や緊急時の具体的な対策を定めているか	

【Point】

　現状の財務状況を理解する知識を習得すること，そして，将来の計画策定をして振り返りながらより理解を深めることが重要です。

No.1

　月次試算表は経営判断のために重要な資料ですので，最新の財務状況をタイムリーに把握できる体制づくりが必要となります。月次試算表の作成に時間がかかってしまっている場合には，作成フローを見直してボトルネックとなる要因を特定し，改善する必要があります。先代経営者は長年の経験から，試算表がなくてもおおよその財務状況を把握できることが多いですが，後継者はそうではありません。したがって，しっかりと仕組みを整える必要があります。

No.2〜No.7

　将来の計画を目標として設定し，振り返りながら改善していく仕組みづくりも必要です。具体的には，来期の予算（目標数値）の策定，できれば，3か年または5か年の事業計画を策定します。また，この事業計画の策定を通じて，財務に対する理解を深めることにもつながります。

No.8

　事業継続計画は，Business Continuity Plan の頭文字をとって BCP と呼ばれます。災害などの有事の事態において，事業を継続するためのマニュアルですが，中小企業庁から指針が発表されているなど参考となるものも多く，事業理解や財務診断を行っていきます。これも後継者を筆頭に作成することで会社の理解が深まるきっかけとして効果的です。

ヒト
モノ
カネ

現
後継
会社

② 金融

　後継者が金融状況についての理解を深めながら，金融に関する資料を作っていくことが効果的です。

◇（図表）チェックポイント

No.	内容	Check
1	金融機関との関係は良好であるか	
2	資金繰り表を作成し，必要資金の管理を行っているか	
3	フリーキャッシュフローの額を把握しているか	

【Point】
　資金の流れを正しく理解して，経営の判断に活かせるような体制づくりが必要です。

　会社の財務や収益構造を理解することはもちろん重要ですが，後継者が最も理解しなければならないのは，資金繰りの状況です。キャッシュ・フロー計算書と資金繰り表，そして資金計画を一貫して把握することで，経営判断に活かせるものと考えられます。

ヒト

モノ

カネ

No.1

　現経営者が金融機関との窓口となっている場合には，後継者への引継ぎをして，金融機関にも受け入れてもらいやすい関係構築が必要です。また，各金融機関とのこれまでの関係性や金融機関の目線での会社の見え方なども後継者自身が理解する必要があります。

No.2

　資金繰りは会社経営において非常に重要な問題です。資金繰り表を作成していない場合には，後継者が主導して作成し，運用しながら理解を深めることが有効です。通常は月次の資金繰り表を作り，次に年次の資金繰り表に展開し，資金計画との整合性が取れているかの確認ができると，より有効に活用できます。

No.3

　フリーキャッシュフローとは，営業キャッシュフローから投資キャッシュフローを差し引いた金額をいい，会社が事業活動で得たお金のうち，自由に使える金額のことを指します。

　貸借対照表と損益計算書に加えて，キャッシュ・フロー計算書も作成し，お金の動きを理解することで，投資や借入などの判断ができるようになります。

現

後継

会社

72

③　相続

　後継者が株主の状況についての理解を深めながら，将来の見通しを検討することが効果的です。

◇（図表）チェックポイント

No.	内容	Check
1	会社に影響を与える法律等の改正の動きを確認したか	
2	株主構成の現状と将来の見通しを確認したか	

【Point】
　株主としての議決権の確保など，会社経営の意思決定は後継者が主導となって資本戦略の検討をすることが必要です。

　株式の承継や既存株主からの集約は，現経営者が主導となって進めることとなりますが，会社の将来の資本政策については，後継者が主導となって進めることが重要です。

No.1

　民法，会社法，税法をはじめとするさまざまな法律が会社に影響を与えることが考えられます。会社の業種によっても異なるため，日々アンテナを張って情報収集をする必要があります。時には専門家の協力も必要になるため，専門家などのパートナーがいるかどうかも重要です。

No.2

　現状の株主名簿及び資本構成図を作成し，将来的にどのような株主構成にしたいかを検討することが必要です。例えば，少数株主の所有株式を集約したいのか，あるいは持株会を組成して運用したいのか，など，長い目で見た将来の見通しを検討して，それに応じて現状の対策を検討する必要があります。

　経営に関与していない株主がいて，今後も株主として残ることが想定される場合には，普段接点のない株主との関係づくりも必要となります。そのような株主が影響力を強く有している場合，現経営者とは関係ができていて円滑に事業が回っていたとしても，後継者に世代が変わるとそれが意思決定のボトルネックとなることもあり得ます。現経営者も元気なうちに，後継者と協力した対策が重要となります。

ヒト
モノ
カネ

現
後継
会社

④　ポスト事業承継

　経営権の承継後に，後継者が経営者として活躍し，会社に受け入れて
もらえるようなサポートが必要です。

◇（図表）チェックポイント

No.	内容	Check
1	後継者が主体となるプロジェクトを用意したか	
2	経営承継円滑化法における3つの制度（民法特例，金融支援，納税猶予）の適用可能性について検討したか	
3	自社株式や事業用資産を後継者に集中させる方法を検討したか	

【Point】
　事業承継後の継続的なサポート体制，経営層の育成，相続対策など，ポスト事業承継における対策が重要です。

　事業承継後に，より一層会社を成長させることができて初めて事業承継が実現できたといえるものと考えています。将来にわたって持続的に事業を発展させられることが，中小企業の成長にとって最も重要です。

No.1

　後継者が主体となって新しいプロジェクトを始めることで，後継者が新しい経営者としてスタートを切りやすくなります。うまく成功すれば，社員からも経営者として認められやすくなります。ただし，失敗してしまうと逆効果となることもあるため，プロジェクトの内容は，後継者が得意とする分野にするか，失敗しにくい（あるいは結果が明確にならない）内容にすることが大切です。例えば，最近ではBCP策定プロジェクトの必要性が高まっているので，後継者主体のプロジェクトとして活用されています。

No.2

　経営承継円滑化法は中小企業の事業活動の継続を目的とし，経営の承継の円滑化を図る措置を定めており，適用できる場合には適用を検討した方がよいと考えられます。これらの検討をする際は，後継者が制度についてしっかりと理解しておく必要があります。

No.3

　会社経営に必要な資産を現経営者個人が所有している場合には，相続の際に経営に関与していない相続人に相続されてしまうことを避けるため，生前贈与や遺言を書いておくなどして，必ず後継者に承継されるような対策が必要です。

⑶　会社側のポイント

①　財務

経営判断に必要な情報を管理できているかどうかを確認します。

◇（図表）チェックポイント

No.	内容	Check
1	経営管理指標（KPI：重要経営指標など）を明確にしているか	
2	管理体制（事業部門，セグメントなど）ごとの業績管理ができているか	
3	管理会計に基づき財務諸表の作成はできているか	
4	原価計算を行えているか	
5	（グループ複数社ある場合）連結決算は行えているか	
6	内部統制（統制環境,統制活動,リスクの評価・対応,モニタリング，情報・伝達，ITへの対応）は機能しているか	

【Point】

　業績管理，進捗管理をしながら，計画との差異について振り返っていくことで着実な目標達成を実現する仕組みづくりが行えます。

　会社の規模や業種，置かれている環境によって必要な指標は異なります。大切なのは，自社に必要な指標を明確にして管理できるようにすること，そして自社の現況を客観的に把握することです。

No.1

　KPI とは，Key Performance Indicator の略で，重要経営指標といい，経営上の目標達成のための指標となるものです。例えば，事業計画において目標となる売上高を設定する場合，それを達成するための具体的な指標として，顧客数や顧客単価を設定します。この顧客数や顧客単価がKPI となり，KPI を振り返ることで日々の業務の取り組みに具体的に落とし込むことができます。

No.2〜5

　KPI を管理して把握できる体制づくりができているかを確認します。業績管理ができていない場合は，情報を細分化して把握できる仕組みづくりが必要です。まずは必要な指標を明確にして，次に必要な指標を必要な時期に把握できるよう社内フローを見直す必要があります。

　必要な指標を必要なタイミングで振り返りができることで，計画通り進まなかった場合の方向転換や対策を打つことができます。進捗管理と振り返り，検証を繰り返すことで，作成した事業計画が実のあるものになります。

No.6

　内部統制は問題なく機能しているかどうかを網羅的に再確認しておくことも必要です。ここで大切なことは，網羅的に確認することです。第4章で後述する組織診断や財務診断を活用して，会社の現状の問題点を再確認しておくことで，将来のリスクに備えることができます。また，顕在化した問題点は一度に改善することが難しいことが多いので，優先順位を付けて対策をしていくことになります。

ヒト
モノ
カネ

現
後継
会社

② 金融

金融面での情報を整理して，会社として適正な金融施策を行えているかどうかを確認します。

◇（図表）チェックポイント

No.	内容	Check
1	固定比率は適正であるか	
2	配当政策は適正であるか	
3	負債比率は適正であるか	
4	事業価値（獲得される将来キャッシュ・フロー）と清算価値を比較したか	
5	経営者保証の契約時及び既存保証契約の見直し時において，経営者保証ガイドラインの活用を検討したか	

【Point】

　会社の実態を把握し，後継者へ承継させやすい会社の体制を整える（会社をきれいにする）ことが必要です。

現経営者の時代は法人と個人の分離がされていないことがあり，会社として，事業上適正な財務状況であるか確認しておく必要があります。また，事業として残すべきかどうかも見極める必要があります。

No.1, 2, 3

　会社の金融施策が適正かどうかを把握するため，純資産に対する固定資産の割合を示す固定比率（固定資産÷純資産×100），利益に対する配当の割合を示す配当性向（配当金支払総額÷当期純利益×100），会社の返済能力や財務の安定性を示す負債比率（負債÷自己資本×100）などの指標を用いて，会社と個人の関係などが適正な状態になっているかどうかを確認する必要があります。

No.4

　事業計画に基づき将来発生するキャッシュ・フローを予測して計算した事業価値と，現時点で清算した場合の会社の価値を比較することで，本当に継続するべき事業なのか，もしくは方向転換や改善計画が必要なのかどうかを把握する必要があります。これからの事業を承継していく後継者のためにも，本当に承継するべき事業なのかどうかの確認をすることも必要です。

No.5

　中小企業庁が公表している経営者保証に関するガイドライン（https://www.chusho.meti.go.jp/kinyu/keieihosyou/index.htm）を活用して，承継のタイミングで経営者の個人保証を外すことができないか検討する必要があります。個人保証は，後継者にとって大きな負担となるため，できる限り会社と個人の関係を切り離した状態で承継することが望ましいです。

ヒト

モノ

カネ

現

後継

会社

③ 相続

株式の承継対策の観点からの問題点がないかどうかを確認します。

◇（図表）チェックポイント

No.	内容	Check
1	所有と経営を分離する形での変則的な事業承継を検討したか	
2	議決権制限株式や拒否権付種類株式（黄金株）について，活用を検討したか	

【Point】

　株式は，会社の財産権と経営権の2つの側面があるため，それぞれをどのように承継するかを検討します。

　後継者が経営を円滑に行えるように，会社法で認められた制度を最大限に活用して，その会社にあった形を検討することが重要です。

　親族へ承継する場合，親族外の従業員へ承継する場合，また，承継はするもののほかの既存株主からの集約は困難な場合など，さまざまな場面に合わせて，仕組みとして作ることで，後継者が長い将来にわたって円滑に経営を進めることができるようになります。

No.1

　所有と経営の分離とは，会社財産の所有権を有する株主と，会社経営の意思決定のための権利として議決権を有する株主を分けることをいいます。例えば，親族外の役員を後継者として任命するが，株式の財産権は子供に渡したいという場合などです。手法としては種類株式を導入したり，資産管理会社を設立したりする方法などがあります。親族での承継が難しい場合には，所有と経営の分離を選択肢に入れて，親族外の後継者を探すことで会社の経営承継の選択肢が広がることにつながります。

No.2

　議決権制限株式とは，一定の決議や全ての決議について議決権を制限することができる株式です。一般的には，配当を優先的にもらうことができる配当優先の種類株式と一緒に設計することが多く，財産権としての性質が強い種類株式です。例えば，経営に関与しない株主がいる場合に，その株主の議決権を制限することで，後継者が経営をしやすくすることができます。

　拒否権付種類株式とは，株主総会・取締役会で決議すべき事項のうち，その決議の他に種類株主総会の決議も必要とする株式です。決議事項についての拒否権を持つため，黄金株とも呼ばれ，経営の意思決定に関して一定の影響力を残す種類株式です。例えば，後継者に全ての経営権を譲るにはまだ不安な場合に，現経営者が1株だけ黄金株を持ち，経営の抑止力として機能させることができます。

ヒト
モノ
カネ

現
後継
会社

④ ポスト事業承継

経営権の承継後も会社として後継者による経営をサポートする体制づくりが必要です。

◇（図表）チェックポイント

No.	内容	Check
1	後継者の報酬について検討を行ったか	
2	役員報酬は事業規模等を考慮して，社会通念上適切な範囲を超えていないか	
3	後継者の報酬とともに，他の従業員の報酬についても検討を行ったか	
4	法人の事業活動に必要な資産を経営者等が所有している場合に，支払われている賃料は適切か	
5	法人と経営者との間の資金のやり取りは，社会通念上適切な範囲を超えていないか	
6	経営承継円滑化法における3つの制度（民法特例，金融支援，納税猶予）の適用可能性について検討したか	
7	社内の受入れ態勢を確認したか	

【Point】

経営承継は承継をしたら終わりではありません。承継後のサポート体制が会社の将来にとって非常に重要であるといえます。

ヒト

モノ

カネ

No.1, 2, 3

　報酬は従業員のモチベーションに大きく影響するため，人事評価制度や報酬制度をしっかりと整えて，現経営者がいなくても，従業員が自身の評価に納得できるような仕組みづくりが必要です。また，人件費が会社の利益を過度に圧迫しないよう，人事評価制度と会社の業績が連動するような仕組みにすることも重要です。

No.4, 5

　個人資産と会社資産を切り分けることができるのが理想ですが，できない場合には，やり取りを適正にしておくことが必要です。通常の取引の金額と比較し，過度な金額になっていないことを確認しておく必要があります。

No.6

現

後継

会社

　経営承継円滑化法において，中小企業の経営承継を支援する3つの制度が制定されています。①民法特例（株式の承継をする際の他の親族に対する遺留分侵害を防ぐため，遺留分について一定の合意を得る手続き），②金融支援（承継に必要となる資金調達を支援する特例措置），③納税猶予（株式の承継による税金を猶予するための特例措置）の制度を十分に活用しながら経営承継を進めると，承継によるリスクや資金負担を軽減することができます。

No.7

　後継者を受け入れるための組織づくりはもちろんのこと，現経営者が引退する旨や後継者を選んだ理由，後継者の決意表明，そして承継後の会社方針などをしっかりと全社員向けに説明をして，後継者が受け入れられやすい態勢を構築しておく必要があります。

Column チェックシートの活用

　第2章ではヒト（知識・資質）・モノ（組織・機能）・カネ（財務体質・資金力）に分類し，経営を取り巻く経営資源についてそれぞれ留意点をまとめています。

　ヒトに関しては，第4章で後述しているアセスメントによって測定された内容から，各区分についてどのタイプに分類されるか把握できます。どのタイプに分類されるかに応じて特徴を捉えることになります。

　モノ・カネに関しては，第4章で後述している組織診断・財務診断によっても把握することは可能です。しかし，組織診断・財務診断は短期的に必要となると考えられる項目について，第2章の項目から一部を抜粋し，作成しているため網羅的な確認はできません。

　また，第2章で各項目についてチェックポイントを挙げていますが，あくまで例示となるため，実際には各項目についてチェックポイントのような視点をヒントに，ヒアリングなどで確認していく必要があります。

　巻末のモノ・カネの各項目のチェックポイントを一覧にしたチェックシートは，ヒアリングの際の質問リストとして活用し，網羅的に各項目を確認する場合に有効で，各項目の確認のために取りまとめた分析資料を報告書としてまとめたものの例を「経営承継DD報告書」として参考に載せていますのでご活用ください。

第3章
経営承継の分析手法・課題整理・解決方法

　第2章では，事業承継における考え方や進め方，経営資源である「ヒト・モノ・カネ」の観点から見たポイントを網羅的に説明しました。

　第3章では，実際に事業承継を進める際の具体的な手法を紹介します。「ヒト・モノ・カネ」の各経営資源のうち，整理・測定の必要な項目について整理・測定方法を検討し，課題整理のための現状分析，解決方法を検討します。

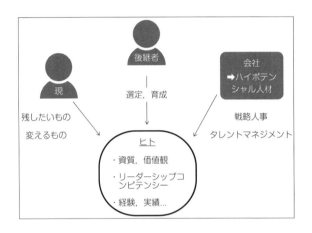

　ヒトに関する項目では，アセスメントの手法をご紹介します。現経営者，後継者，次期経営幹部層（ハイポテンシャル人材）の資質を分析し，承継にあたり補うべきポイントを検証します。また，後継者がいない場合や後継者候補が複数いる場合には，先代経営者のアセスメント結果を基に選定基準を検討します。

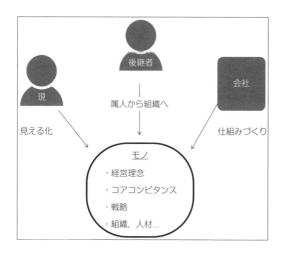

　モノに関する項目では，事業や組織についての課題出しや計画づくりを行うことで，現経営者が退任しても成長し続けられる体制づくりについて検討します。

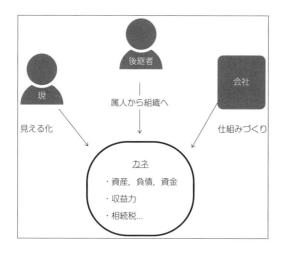

　カネに関する項目では，現状の財務状況の分析，将来収益を生み出せる仕組みづくり，相続対策について検討します。

1 ヒトに関する項目

(1) 現経営者のポイント

① 現経営者のアセスメント

　事業承継の中でも重要なヒトにおける承継プロセスで大切なことは，目に見えないヒトについてこそ，客観化した数値などを踏まえた PDCA サイクルを回すことです。

　右図の後継者育成計画プロセスは，後継者育成計画の大まかな流れです。この一連の実施施策を通じて，より盤石な経営承継を行います。まず，計画（Plan）段階では承継する社長ポストのポジション要件を定義します。現経営者アセスメントは社長ポストの定義を行うために実施するものです。その後，後継者候補を選出します。組織によってはご家族の場合もありますし，別の組織では複数の幹部社員の中から選出することもありますが，一定の基準を満たした人物を選出します。そして，その候補者へ後継者アセスメントを行います。ここでの結果が，現経営者像と何が違っていて，どこが近い特性であるのかを示してくれます。このポジション要件とのギャップを埋めるために実施するのが後継者育成期間での施策となります。そのためギャップを埋めるための育成計画を策定し，2年～3年をかけて伴走，モニタリングし，育成計画の完了に合わせて再度後継者アセスメントを実施します。育成計画により当初のギャップが埋まっているのかを確認するためです。

　その最初に行うプロセスである現経営者アセスメントは，経営者としてのスキルや行動特性を棚卸し，その特徴を明文化すること目的としています。もちろん，現経営者のアセスメントを行わずとも社長ポジションの定義はできますが，日本のようなハイコンテクストな環境下では，現経営者の癖などに組織が慣れ切っている部分もあり，アセスメントを

実施したほうがより正確なポジション設定を行うことができます。さらには，ここで明らかとなった経営者像が，後継者の一つのベンチマークとなり，さまざまな形での育成指標となります。

◇後継者育成計画プロセス

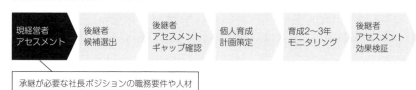

◇現経営者アセスメント

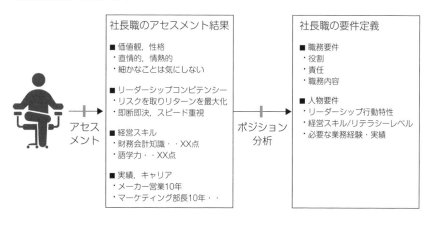

②　アセスメントの構造とわかること

　アセスメントの対象項目は右上図にあるとおり，大きく４つの項目です。１つ目がキャリアや実績といった目に見える情報です。アセッサーによるインタビュー形式で確認していくため実績の中での意思決定の判断基準や危機状態の中での振る舞いを細かく確認できます。２つ目は経営スキルです。経営を行う上での情報や知識，具体的な技能を確認していきます。経営に必要という意味では，ヒトモノカネやIT等の情報技術を自己評価とインタビューを通じて棚卸していきます。３つ目がリーダーシップコンピテンシーです。コンピテンシーとは行動特性を表す言葉ですが，リーダーシップコンピテンシーでは，社員に対してビジョンを語り共鳴・鼓舞させ，巻き込む力を確認します。知識があっても，それを発揮する行動特性がないと実績にはつながりません。その意味でもコンピテンシーがさまざまな活動への源泉となります。

　最後は個性や価値観といった対象者の土台となる部分です。まさしく土台の部分ですので，開発等で変化することは難しい領域ですが，この価値感などの特性を知っておくことが，いろんな意思決定や戦略選択に大きな影響を及ぼすため認識しておきます。

　これらをWEB調査とアセッサーのインタビューで棚卸し，要素を組み合わせて報告書にまとめます。そこでは強化すべき点についての示唆や強化するプロセスを確認することができます。

　右下図のケースでは，現経営者（65）の方は，リーダーシップコンピテンシーも経営スキルも同じく保持されていて，優秀な経営者として自他共に認める状態でした。

　ここが基準点となり，後継者にはギャップを埋めるべくタフアサインメントや育成メニューを計画します。

◇アセスメント内容と調査方法

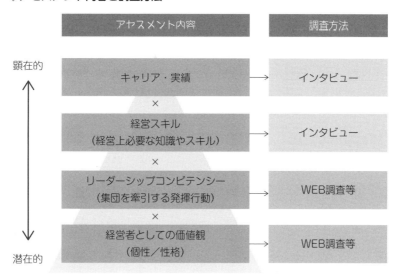

◇現経営者の経営者としての立ち位置

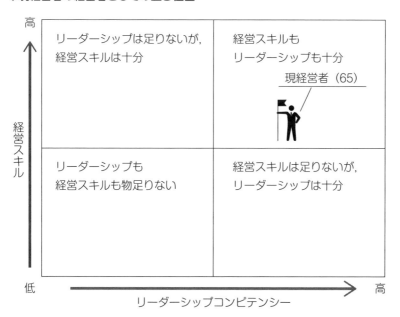

③ 残したいもの・変えるもの

　現経営者のアセスメントで重要なこととして，次の世代に経営を託す
際に残したいもの，変える必要があるものを認識できるということがあ
ります。

　アセスメントは，これまでの経営スタイル，とりわけ意思決定の軌跡
を追いかけ内省していきます。例えば，トラッキングレコードを振り返
り，一貫してきた意思決定の本質を理解することや最新の IT 技術等を
まったく取り入れてこなかった事実が現前と提示されることになります。

　そういった内省やアセッサーなどとの対話を通じて，残された期間で
できることを考えることができます。

　これらの残すもの，変えるものを峻別し，後継者との対話の１つにす
ることが，この後の経営承継プロセスに大きな意味を持ちます。

　承継後に現経営者と後継者の食い違いが生じる時があります。例えば
ビジネスモデルの理解であったり，好き嫌いであったりです。アセスメ
ントを通して，自分の判断基準，とりわけ好き嫌いを理解しておくと避
けることが可能となります（右下図）。

　変えるものについても，自分の代で変えてしまった方が都合が良いも
の，後継者の代まで待って，後継者自身が行った方が良いものを分けて
考えてみることもできます。

好きなもの　　　　　　　　　嫌いなもの

良し

| 企業理念（意義）
古き良き会社イベント
自社の高い品質 | 高すぎる自主規制 |

悪し

| 縦割り組織
年功的な人事制度
レトロな会社ロゴ | 非効率な業務フロー
弱い環境適応力 |

自分の時代で行うこと　　　　後継者の時代で行うこと

残すもの

| 企業理念（意義） | 新会社イベント
高品質のブランド化 |

変えるもの

| 組織
後継者育成
人事制度 | コンプライアンス基準
業務フロー／デジタル化
会社ロゴ
環境適応力 |

94

④　伴走する期間での留意点

　アセスメント後，現経営者と後継者それぞれが育成計画を理解し役割を遂行することにより成功するものですが，右上図のように関係性も変わっていきます。

　大きく3つの段階で設計することが多いのですが，第1段階は現経営者が社長，後継者は補佐的な役割として重要ポジションで経験を積み，ポジションレディを目指す時期です。

　第2段階では後継者が社長に就任後，現経営者と密結合しながら新体制を構築する黎明期，第3段階は，後継者の社長としての成長が安定してきた時期です。

　後継者が守破離の段階をとおるようなイメージとなり，コーチとしての機能も変わる必要があります。

　そのため，現経営者と後継者の違いを常に意識していくことが重要になります。そのためにも本来的には節目ごとにアセスメントを行っていくことがギャップ理解には一番良いのですが，現経営者の場合は数値や傾向がそれほど変わらないことも多く，初回のアセスメント結果を踏まえながら，後継者との距離感をつかんでいくことになります。

　この特性の違いを理解しておくだけで，育成期間中の失敗を予防できることが多く，後継者も現経営者の特性を理解しているため，時に衝突があった時にも早期の軌道修正を図ることができます。

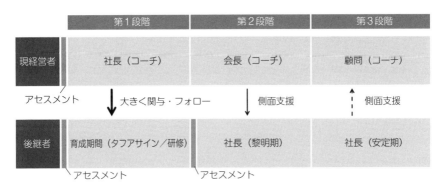

	第1段階	第2段階	第3段階
現経営者	社長（コーチ）	会長（コーチ）	顧問（コーナ）

アセスメント　↓ 大きく関与・フォロー　↓ 側面支援　↑ 側面支援

後継者	育成期間（タフアサイン／研修）	社長（黎明期）	社長（安定期）

アセスメント　　アセスメント

関係性とアセスメント結果によって，関与度合いや支援の方法を変化させる

職務の難度
低　　　　　　　　　　　　高（戦略的意思決定等）

	低（職務の難度）	高（戦略的意思決定等）
高（後継者スキルレベル）	**結果レビュー** 基本的には後継者に任せるが，結果は振り返り，内省と抽象化を繰り返す。	**コーチング** 意思決定に際して，発問による対話を通じて，後継者が持っている答えを引き出す。
低	**タスク管理** 現経営者と後継者が同じタスクをマネジメントして，後継者が段階的に自走できるように伴走する。	**ティーチング** 難題に対して，現経営者が持っている知識，技術，経験などを後継者に伝え指導する。

後継者
スキルレベル

(2) 後継者側のポイント

① 後継者のアセスメント

　後継者候補の選出後，候補者全員に対して現経営者に行った内容と同じアセスメントを行います。

　これにより，本人の行動特性やスキル，及び現在の課題を抽出することに加え，右下図のような現経営者との経営スキル，経験値の違いやリーダーシップコンピテンシー（リーダーシップの取り方）の違いを理解することができます。もちろん，現経営者以外にも，次世代のビジョン型の新しい社長ポジションの要件を定義しても，同様にその違いを理解できます。

　実施時期ですが，後継者のアセスメントは，現経営者のアセスメントと違って育成後にも実施します。前後の確認により，PDCAサイクルを回転させて効果を確認できる上，登用の根拠となるデータが得られます。育成前と育成後のアセスメント目的は異なり，育成前のアセスメントの目的は将来の社長ポジションとのギャップを測ること，及び自身の強み，弱みを理解することです。ここから個人育成計画を立てて，人事辞令や教育研修のプログラム設計に落とし込みます。育成後のアセスメント目的は，育成の効果検証と登用可能かの判定を目的としています。

◇後継者育成計画プロセス

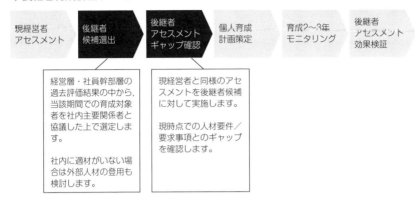

◇現経営者と後継者の比較

アセスメント結果により，候補者を類型化する

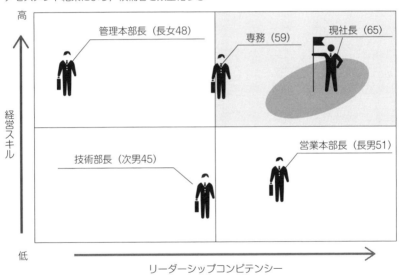

② 価値観（意思決定の土台）

意思決定の土台となる価値観とは，基本的には正しい経営意思決定に結び付くか？という観点よりは，経営者としての好き嫌いといった情緒的な志向性を明文化するものです。例えば，他社に負けないスピードを経営のコアバリューとしている先代経営者，時間をかけ慎重でよく考えられたアプローチが好きな後継者の方がいたとします。双方の価値観は正反対ですので，この双方の特性を知らずしてお互いのアプローチを理解することは難しいでしょう。

現経営者と後継者の意見の食い違いがこの土台部分から派生していることが多く，双方良いことを主張しているのに，好き嫌いという感情的なもつれから妥協できないといった事例が多くあります。

ここでは，大きく4点（ビジネスマインド，リーダーシップ，対人関係，セルフマネジメント）を軸に性格と価値観を見ていきます。これらのいずれかが良い悪いというよりは，傾向や特性を示します。

この傾向値は，今後の開発が難しい領域です。もちろん，事業ステージの位置づけや企業の事業規模によって，求められる経営者像も変化するため，ここでも向き不向きが変わってきますが，意思決定の土台の違いを認識し，現経営者と後継者の理解不足によるコミュニケーションコストの増加や手戻りは避けたいところです。

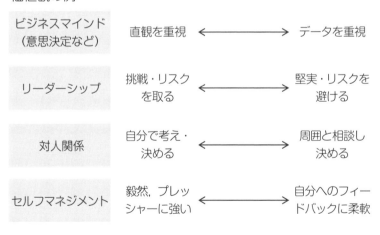

③　リーダーシップコンピテンシー

　物事には型があり，何事もそうですが，最初のうちは型の習得を目指す時期です。これまでのキャリアを通じて培ってきたリーダーシップ行動特性を棚卸し明文化します。未来のリーダー像に向かって研鑽を積むことで，より良い後継者に成長できるからです。

　リーダーシップコンピテンシーで測定できるものはさまざまなタイプがありますが，主には価値観と同様に以下の4点です。

- ・ビジネスマインド：情報感度が高く自社の置かれている状況を察知し，長きに渡る競争優位性を構築するビジョンや価値基準を生み出す
- ・リーダーシップ：そのビジョンや戦略をステークホルダーにわかりやすく説明し，仲間として巻き込んで推進できる
- ・対人関係構築：事業推進時のチームマネジメントにおける信頼関係構築，人間関係維持，対人影響力
- ・セルフマネジメント：最後は，ストレス耐性や柔軟性，プロフェッショナリズム

　これらの特性を踏まえ，自身のリーダーシップスタイルの理解と開発すべきポイントを探ります。

　例えば，戦略志向性が高く論理的に未来を描けるが，対人関係構築の力が弱く，せっかくの構想でも実現できないといった方であれば，対人関係構築のコンピテンシーを徹底的に鍛えるといった具合です。せっかくの経営スキルもポジションパワーも，このリーダーシップコンピテンシーにより毒にも薬にもなるため，注意が必要です。

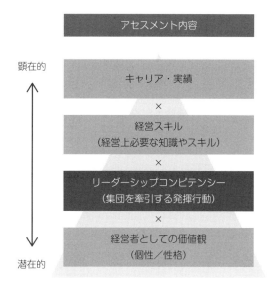

リーダーシップコンピテンシーイメージ

大項目	項目	内容
ビジネスマインド	ビジョン創造	・方針／目的の明確化 ・方針／目的の周知，徹底
	目標達成志向	・事業の目的認識 ・目標設定の有効性認識・共有行動 ・目標達成に向けた戦略構築
	計画策定・実行	・大胆な計画と妥当性／論理性の確保 ・PDCAサイクル推進力
	イノベーション	・新しいサービス，取組みへの行動 ・改善／改革への意欲的行動 ・イノベーション環境の構築
リーダーシップ	主体性	・自発的行動と周囲への発信力 ・目標達成に向けた組織統率力
	学習敏捷性	・知識を深めるための自発的行動 ・知識に基づく新たな取組み ・的確な教育方法の選択／機会の提供
対人関係	コミュニケーション	・貢献を引き出す対話 ・表現力／文書化能力
	チームワーク	・他者の仕事内容の理解／協業行動 ・共通目標達成への主体的他者支援 ・協調性／相互フィードバック
セルフマネジメント	倫理的行動	・ルール遵守 ・社会的責任
	問題解決力	・問題の認識と原因特定行動 ・対策の実現と報告
	アカウンタビリティ	・社内外に対する説明能力 ・職責に応じた行動最適化

④　経営スキル

　経営スキルマップは，その名前のとおり経営を行うために必要な知識や経験を確認するものです。自社基準で作成するのも良いですし，外部コンサルティング会社に依頼するのも良いでしょう。いずれにしても，経営者としての客観的な知識と経験を確認して弱みを確認することが目的です。

　大きく5つの観点から確認していきます。

(i)戦略（ビジョン創造，実行）
　　：自社の経営環境理解を測るスキル群であったり，自社のポジショニングとマーケティングについてのスキル群等を測定します

(ii)ヒトについて
　　：経営資源のうち組織人材に関する領域。自社の組織構成・人事の方向性理解についてのスキル群

(iii)モノについて
　　：経営資源のうち事業に関する領域。自社のバリューチェーン，顧客への付加価値創造プロセスへの理解度を測るスキル群

(iv)カネについて
　　：経営資源のうち財務，会計に関する領域。会計・財務状態の理解度を測るスキル群

(v)情報・ICT について
　　：自社の IT 戦略や取り巻く状況の理解度を測るスキル群

　ただし，すべての項目を網羅的に押さえる必要はなく，部下に任せる部分，外部業者に任せる部分と差し引いていき，事業戦略上押さえなければならない点だけ誰かにわかりやすく説明できるといったスキルセットが満たされている状態を目指します。

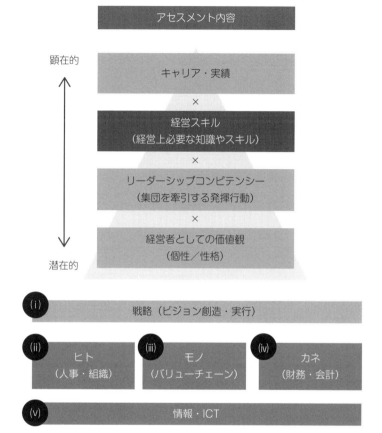

※チェック項目（イメージ）

大項目	中項目	スキル概要	#	具体的スキル要素 (特定領域の高度な知識と経験)
ビジョン創造実行	経営環境理解	自社の経営環境理解を測るスキル群です。	1	自社に関連する主要経済指標の理解
			2	外部環境分析（PEST，5フォース）の理解
			3	顧客獲得コストの理解
	事業戦略ケイパビリティ	経営ポジションの方に必要とされる判断基準と論理構成を測るスキル群です。	4	新製品・サービス開発の判断基準の理解
			5	拠点展開・子会社設立の判断基準の理解
			6	業務提携・アライアンスの判断基準の理解
			7	買収・出資時の判断基準の理解
			8	撤退縮小計画・転進リストラの判断基準

⑤ キャリア・実績

基本的にはインタビュー形式で，社会人黎明期から現在までの軌跡を追いながら，ワクワクした経験や悔しい思いをした経験等を踏まえて，どのような職務や実績があったのかを振り返ります。

出来事の事実の確認と，感情的にどう携わったかを理解することで，これまで見てきたコンピテンシーやスキルが1つのストーリーとなって，自分を内省することができます。

自身の経験した「成長の基本構造」を改めて理解し，個人育成計画の納得度を高めます。

なお，後継者によっては，「自分には大した経験や実績などありません。」といったことを言う方も少なくありません。もちろん，いわゆる，創業経営者の方が体験するような修羅場だったり，運にあたるエピソードはないかもしれません。しかし，ほぼ毎日が何かを選択して歩んできていることも事実であるため，その選択に潜む本質をあぶりだすことが，このインタビューの目的です。

一方で，この「成長の基本構造」にも，環境的な変動要素があります。過去の経済状況であったり，法規制であったり，いくつかの変数があるため，あくまで基本構造にしておき，次の世代の学習メカニズムに合わせていくことも重要です。例えばICTの分野のDX（デジタルトランスフォーメーション）やグローバル化対応については，過去とこれからでは，成長の基本構造が変質していく可能性があります。

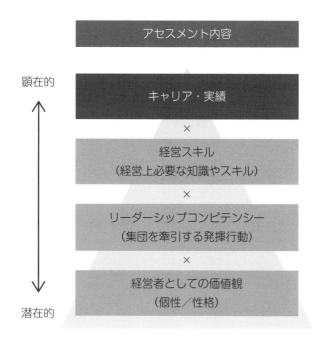

体験による"成長の基本構造"

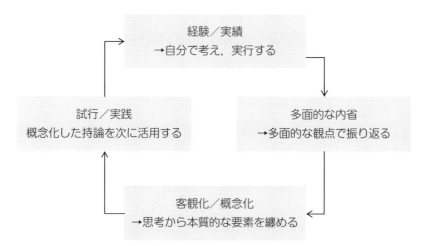

（出典：デイビッド・コルブによる「経験学習モデル」）

⑥　アセスメント結果の活用

　アセスメント後はアセスメント結果を踏まえ，個人育成計画を作成し，関連者に共有，理解してもらい育成を開始します。

　自身だけで作成するよりも，外部のコンサルタントや周囲とも相談しながら客観性を取り入れていくことが重要なポイントです。

　育成計画では，後述しますが大きく２つの施策があります。

（i）　人事異動
（ii）　研修／トレーニング

　人事異動については，まさしく弱みを補完するための経験をすることです。

　例えば経営者としての知識や実務は経験しているのに，周囲を巻き込む力であるリーダーシップコンピテンシーが足りない場合は，小さな組織で苦労しながらも成果を挙げられるようなポスト（例，新規事業開発のリーダー等）を経験する。他には，営業畑のたたき上げで周囲からの信頼も厚く，リーダーシップコンピテンシーは高いのに，財務・会計といったカネについての知識がない場合は，カネについての部門横断的プロジェクトを任せるとか，会計の研修やスクールに通うといった方式が考えられます。

　いずれにしても，異動や費用が掛かる話ですので，周囲と入念なディスカッションを行った上で策定する必要があります。

◇後継者育成計画策定プロセス

現経営者
アセスメント ▸ 後継者
候補選出 ▸ 後継者
アセスメント
ギャップ確認 ▸ **個人育成
計画策定** ▸ 育成2〜3年
モニタリング ▸ 後継者
アセスメント
効果検証

アセスメント結果から，人事施策と
教育施策を策定し"育成計画書"に
まとめます。

アセスメントレポートまとめ（例）

■経営スキル／コンピテンシーマトリクス　　　　　　　　　　　　　　　AAA AAA　様

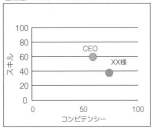

＜経営スキル＆コンピテンシー結果について＞

経営スキルについては，2.59でした。
比較的，強みと弱みがはっきりとしています。

強みは事業成長戦略，経営戦略でした。
逆に財務・会計，バリューチェーンを軸とした運営マネジメント
についてはスキル不足の面もありました。

コンピテンシー評価については，高い柔軟性と対人対応力に特徴があります。

一方，ストレス下の状況においては，高い適応力をもって自分をマネジメント
できるコンピテンシーをもっています。

■経営スキル結果

	大項目	中項目	定義	本人評価 （5段階平均）
1	戦略 （ビジョン創造・実行）	経営環境理解	自社の経営環境理解を測るスキル。	2.67
		経営戦略基本	自社の経営戦略の基本部分を測るスキル。 自社事業理念の理解から始まり，各種法務に関する理解を 測ります。	2.2
		事業戦略 マーケティング	自社のポジショニングとマーケティングについてのスキル。	2.4
		事業戦略 ケイパビリティ	経営ポジションの方に必要とされる判断基準と論理構成を 測るスキル。	1.2
2	リソース管理	ヒト	自社の組織構成・人事の方向性理解についてのスキル。	3
3	リソース管理	モノ	自社のバリューチェーン，顧客への付加価値創造プロセス への理解度を測るスキル。	3.47
4	リソース管理	カネ	自社の会計・財状状態の理解度を測るスキル。	1.54
5	情報／ICT	情報／ICT	自社のIT戦略や取り巻く状況の理解度を測るスキル。	3.13
			全体平均	2.59
			合計	171

■アセスメント結果＆インタビュー面談コメント

《強み》
・
《課題》
・

■今後の育成提案

①教育

②実務経験

③組織体制

⑶　会社側のポイント

①　将来のキーポジション定義・分析

　現経営者の全部を一気呵成に承継するのが難しい場合，現経営者が担っていた機能を経営チームに分散することで解決することも検討できます。その場合には，後継者による経営を前提とした組織体制及びキーポジションを決め，職務要件や人材要件を定義していきます。チームでの経営は現経営者の同質的で継続的な時代よりも，より多様で変化の速い経営環境が想定される場合などで取られる手法です。さらに，経営層でもシェアード・リーダーシップ（SL）を実践することも可能とします。シェアード・リーダーシップとは，図2にもあるように1人のリーダーが垂直的に牽引していく形ではなく，共通した理念基盤の上に各分野の専門性の高いリーダーが，それぞれリーダーシップを執れる状態を指します。ただし，導入するには旧来のリーダーシップ観を全員アップデートする必要があります。

　また，アセスメントも現経営者とのギャップ確認よりは，将来に向けた事業戦略や組織図を踏まえたキーポジションの職務定義とのギャップを確認するものにします。後継者の育成計画も，1人ひとりに着目することも重要ですが，経営チームとしてコンピテンシーがどう影響するか，スキルがどう補完しあえるかを踏まえて設計します。繰り返しますが，そのために将来の事業戦略と組織ケイパビリティに合わせてポスト設計を行い，その人材を創りこむという考え方が必要です。逆算的に組織を設計しないと，現在の優先度が勝ってしまい，思い切った育成や人事異動はできなくなります。

　こうやって定義された将来のキーポジションは，例えばIT技術＋高い品質で勝負したいと考えているメーカーにとっては，社長ポストの他，技術部門長や情報システム部門長が大きな意味を持つことになります。一方，人材の質で勝負しようと考えている企業にとっては，人事部門長

が今後の会社の盛衰を決めるくらいの重要性を持つこともあります。

図1　組織図とキーポジション定義

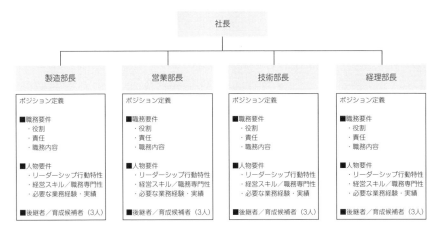

図2　リーダーシップの考え方

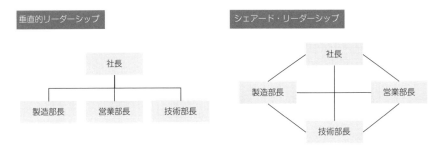

（出典：入山 章栄　『世界標準の経営理論』（ダイヤモンド社，2019年）を参考に AGS コンサルティングにて編集）

② 現行／将来の GAP 分析

　将来のキーポジションが定義できたら，経営者の後継者候補選出と同じ枠組みで高いポテンシャルを持ったキーポジションへの登用人材を抽出します。その中で，現時点と近い将来の差分を確認していきます。

　理想をいえば，設定したキーポジションに対して次世代 3 名くらいの候補者がおり，次々世代の候補者も想定しておきたいところです。ところが，多くの企業では次々世代はもとより次世代の候補者も 1 名いれば良い方で，しばらくは現行部門長が継続しなければならない現実があったりします。

　例えば，ある企業では提案をベースとした営業力で競争優位性を確保してきましたが，候補者不在のため，役職定年のはずの68歳の営業部長が引き続きポストに就いているといったケースがありました。新社長としては，早期に人に頼った営業スタイルからデジタルマーケティングを踏まえた IT 化を推し進めたいと考えていましたが，先輩でもある営業部長に遠慮してしまい，戦略を進められませんでした。そのため，経営者の承継とともに，その後の体制を同時に考え，準備しておくことは非常に重要な戦略上の打ち手となります。

　サクセッションプランといった手法でいくつかやり方があります。世に出ているタレントマネジメントの仕組みは，このサクセッションプランの管理自体をシステム側で行えるものであったりしますが，大抵の会社はエクセルでも十分に機能します。

　重要なことは，このサクセッションプランによる現行／将来の GAP 分析を通じて，戦略実現のリスクや危機意識を共有して，どんなアクションを取れるかということです。

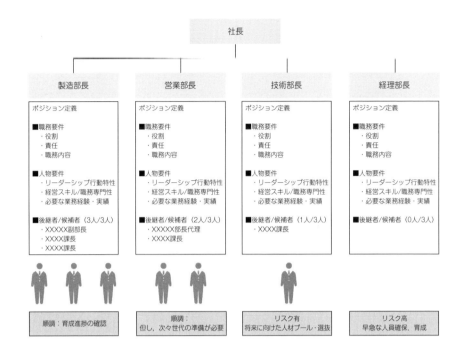

社長

| 製造部長 | 営業部長 | 技術部長 | 経理部長 |

製造部長

ポジション定義

■職務要件
 ・役割
 ・責任
 ・職務内容

■人物要件
 ・リーダーシップ行動特性
 ・経営スキル/職務専門性
 ・必要な業務経験・実績

■後継者/候補者（3人/3人）
 ・XXXXX副部長
 ・XXXX課長
 ・XXXX課長

順調：育成進捗の確認

営業部長

ポジション定義

■職務要件
 ・役割
 ・責任
 ・職務内容

■人物要件
 ・リーダーシップ行動特性
 ・経営スキル/職務専門性
 ・必要な業務経験・実績

■後継者/候補者（2人/3人）
 ・XXXXX部長代理
 ・XXXX課長

順調：
但し，次々世代の準備が必要

技術部長

ポジション定義

■職務要件
 ・役割
 ・責任
 ・職務内容

■人物要件
 ・リーダーシップ行動特性
 ・経営スキル/職務専門性
 ・必要な業務経験・実績

■後継者/候補者（1人/3人）
 ・XXXX課長

リスク有
将来に向けた人材プール・選抜

経理部長

ポジション定義

■職務要件
 ・役割
 ・責任
 ・職務内容

■人物要件
 ・リーダーシップ行動特性
 ・経営スキル/職務専門性
 ・必要な業務経験・実績

■後継者/候補者（0人/3人）

リスク高
早急な人員確保，育成

③ 人事評価の分析

　キーポジションを定義して，現在／将来の GAP を確認した後に行う
のは，候補者の選定です。パッと思いつく候補者がいないとしても，ポ
テンシャル人材を把握しておくことが経営者としての重要なタスクです。

　人事部門に任せている経営者の方も多いかと思いますが，将来の組織
の要を創り出していく作業となりますので，経営者が自ら実施していく
必要があります。まず，社内のさまざまな情報にアクセスして，社員の
状態を把握していきます。新卒入社は誰と誰で，中途入社は・・といっ
たことから始まり，営業成績や社内表彰者の履歴など，人事データを洗
い出します。とりわけ重要な情報が２点あります。１つは人事評価の結
果であり，もう１つは研修履歴です。

（i）　人事評価の確認

　人事評価は，経営資源のヒトを理解する上で，重要な情報が隠されて
います。評点を確認するだけでなく，被評価者や評価者のコメントまで
目を通すと隠された優秀な社員の判別ができることがあります。

　いずれにしても，連続で優秀評価を得ている社員，浮き沈みが激しい
が，営業成績が良い社員など，様々なデータを組み合わせて社員の実態
を確認します。

（ii）　研修履歴の確認

　研修については積極的に実施している企業とほとんど実施していない
企業とに分かれますが，研修履歴には社員の実態を読み解くヒントが多
く隠されています。例えば，新入社員研修の演習の結果一つ見ても，優
秀人材の片鱗は確認できます。また，大抵の研修は実施後に振り返りの
レポートを作成させますが，今後はラーニングアジリティが重要な時代
でもあり，同じ８時間の研修から何を学び，それを咀嚼しアウトプット
しているか内容を比較しながら読み込むと，様々な発見があったりしま

す。

　これらの情報を踏まえて，ハイポテンシャル人材を発掘，プールし，個別施策を打てるようにします。

◇ハイポテンシャル人材の選出イメージ

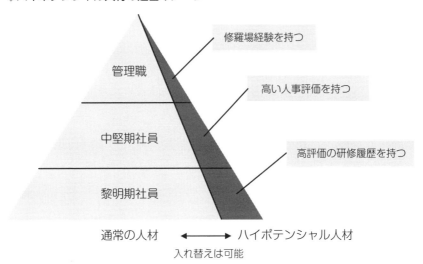

④　個別育成施策の類型

「(2)後継者側のポイント⑥アセスメント結果の活用」でも触れましたが，アセスメント結果を踏まえ，個別育成を行っていきます。

ハイポテンシャル人材も同様ですが，右図の5項目に類型化できます。人事系は修羅場経験を主な目的としています。この施策によりこれまでの限界値を超えたコンピテンシー開発やスキルの向上を目指したものになります。

営業一本のキャリアの方が，管理部長を経験し，金融機関との折衝から経理システムの導入経験を通じて，フロントだけでなく，コーポレート部門の知見を獲得することができます。キャリアの幅を広げるだけでなく，本来の営業においても視野の広がりや視座の高さを得られるといった効果を期待します。

（i）　人事系

人事異動を軸とした施策であり，職務変更や兼務，及び部門横断プロジェクトといった職務の実経験を通じて，候補者の弱みを補強し，強みを強化します。具体的には，3点の施策があり，ローテーションによるタフアサインメント（他部門や違った職務での修羅場経験），兼務によるタフアサインメント（現行職務のまま兼務による修羅場経験），部門横断的なプロジェクトマネジメントなど，現行職務のままプロジェクトを通じた修羅場経験を検討します。

（ii）　教育系

教育研修を軸とした施策です。主にコンピテンシー開発よりもスキル向上を狙ったものが多く，大企業では幹部のMBA取得に通じる施策です。具体的には，アクションラーニングの手法を用いた，現経営上の課題を解決する実を伴ったプロジェクト型の研修や，MBAやそれに準拠した会計の研修等がこれにあたります。

　これらの施策については，育成期間中にコーチやメンターをつけて進捗を管理します。そうしないと多忙を極める候補者が自走し続けていくことが困難だからです。伴走者が横につき，修羅場の中での相談に応えていきながら成長を支えることが成功のカギとなります。

リーダーシップコンピテンシーを体験を通じて意図的に開発する

経営スキルを意図的に開発する

2 | モノに関する項目

(1) 現経営者側のポイント

① 現経営者ヒアリングシート

現経営者ヒアリングシートとは，事業承継のために，「現経営者が考える」会社の実情や現経営者の想いを明らかにするためのシートです。

現経営者の経営理念や会社に対する想い，そして事業承継に向けての考えを明文化することで，現経営者自身も，考えを整理することができることはもちろん，これを後継者と共有することでお互いの理解につなげることができます。

また，後述する後継者ヒアリングシートは，この現経営者ヒアリングシートと対応する形になっていますので，現経営者と後継者の回答内容をそれぞれ対比させながら共有することで，お互いの考えの違いを理解し合い，また同じ考えを持っている項目に関し，改めて認識の共有ができます。

経営の承継において最も重要なことは，現経営者と後継者がお互いの考えを，共感できる点も相違する点も認め理解し合うことです。そのためにはコミュニケーションが不可欠ですが，このヒアリングシートは，そのコミュニケーションのためのツールとして活用していただくことを目的としています。

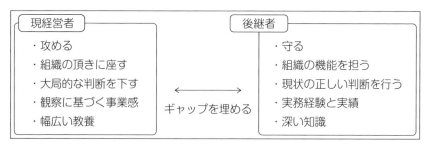

◇**経営承継ヒアリングシート（現経営者用）**

区分	No.	質問内容
経営方針	Q1.	貴社の「経営理念」について，ご教示ください。 （社是・社訓など，会社が一番大事にしている価値観や信条）
	Q2.	貴社の「経営ビジョン」について，ご教示ください。 （会社が目指す方向性や中長期の将来におけるあるべき姿）
事業の状況	Q3.	貴社の収益の源泉となる「主力事業」の概要について，ご教示ください。
	Q4.	貴社が抱える「現状及び今後の課題」について，ご教示ください。 Ex.) 営業面，製造面，物流面，技術面，設備面，人材面，資金面 etc.
内部環境	Q5.	貴社の「強み」について，ご教示ください。 Ex.) 人，物，金，情報，技術，立地，顧客や業者から特に評価されている点 etc.
	Q6.	貴社の「弱み」について，ご教示ください。 Ex.) 人，物，金，情報，技術，立地，多いクレーム内容 etc.
外部環境	Q7.	貴社の事業環境における「機会」について，ご教示ください。 Ex.) 技術革新等によるビジネスチャンス，規制緩和 etc.
	Q8.	貴社の事業環境における「脅威」について，ご教示ください。 Ex.) 業界再編，大手企業の参入，代替品・代替サービス etc.
現経営者	Q9.	貴社の事業機能の中で，「社長に大きく依存している事項」があれば，ご教示ください。 Ex.) トップ営業，技術開発・専門知識，運転資金 etc.
	Q10.	社長と貴社の間における「重要な取引」があれば，ご教示ください。 Ex.) 多額の資金貸借，主要な事業用資産の賃貸借 etc.
承継の状況	Q11.	後継者に「経営を承継する時期」の目処について，ご教示ください。 Ex.) ●年後，●年以内 etc.
	Q12.	後継者を「育成するためのプラン」があれば，ご教示ください。 Ex.) ●年後に役員登用，●部での経験を積む etc.
	Q13.	後継者をサポートする「幹部候補」の人材がいれば，ご教示ください。 Ex.) 所属部門，役職，経歴，年齢 etc.
	Q14.	社長がご認識されている「経営承継を行う上での課題」があれば，ご教示ください。 Ex.) 後継者の経験が少ない，後継者を支える人材がいない etc.

②　知的資産経営報告書

　知的資産経営報告書とは，経済産業省が公表している「知的資産経営の開示ガイドライン」に基づき，独立行政法人中小企業基盤整備機構が策定した「中小企業のための知的資産経営マニュアル（https://www.meti.go.jp/policy/intellectual_assets/guideline/list6.html）」にてその作成方法が説明されているものです。

　知的資産経営マニュアルによれば，知的資産とは，「従来のバランスシート上に記載されている資産以外の無形の資産であり，企業における競争力の源泉である，人材，技術，技能，知的財産（特許・ブランド等），組織力，経営理念，顧客とのネットワーク等，財務諸表には表われてこない目に見えにくい経営資源の総称」を指します。すなわち，会社の「強み」や「事業価値源泉」といえるでしょう。

◇知的資産経営の好循環

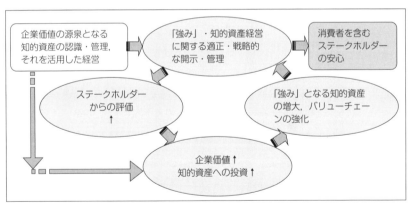

（出典：中小企業のための知的資産経営マニュアル）

　自社の強みを明確にして，最大限に経営に活用することで，ステークホルダーからの評価が上がり，実績につながり，さらに強みが強化されるという好循環経営を生み出すことができます。

◇知的資産経営報告書の標準的な構成

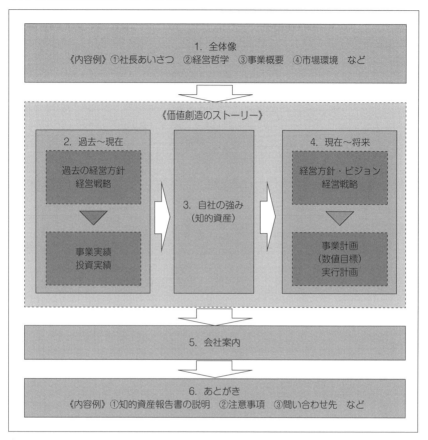

（出典：中小企業のための知的資産経営マニュアル）

　知的資産経営報告書においては、「価値創造のストーリー」をいかに論理的に説明できるかが重要となります。そのための分析手法として、クロス SWOT 分析により内部環境、外部環境に基づいた自社の強みを明確にし、バリューチェーン分析によって、強みがどのように収益につながるかをストーリー化、そして BSC（バランス・スコアカード）によってどのような KPI に基づき目標管理をするかを見える化することが必要です。

120

③　特例承継計画

　特例承継計画とは，非上場株式についての贈与税または相続税の納税猶予の特例制度（以下，「事業承継税制」という）の適用のために事前に提出が求められている書類ですが，これは，中小企業が，「株式の承継」および「後継者による承継後の経営」について計画的に取り組むことで，中小企業の経営の円滑化および安定化を図り，今後も継続していける会社づくりのための施策でもあります。

　このような取り組みは，事業承継税制を適用するか否かに関わらず必要なことですので，この特例承継計画を活用することは有効です。

◇特例承継計画　一部抜粋　承継計画

4　特例代表者が有する株式等を特例後継者が取得するまでの期間における経営の計画について

株式を承継する時期（予定）	2022年～2023年頃予定
当該時期までの経営上の課題	・借入によりキャッシュフローが圧迫されていること。
当該課題への対応	・商品在庫数を見直し，在庫回転率を向上させる。 ・借入の返済スケジュールの見直しを要請。 ・遊休資産の処分により手元現金を増やす。

（出典：中小企業庁 HP「法人版事業承継税制（特例措置）の前提となる認定に関する申請手続関係書類」記載例3）

　承継計画では，株式を承継する時期と，それまでの課題に対する対応策を記載します。まずは承継の時期を決めて，それに向けて現経営者と後継者で役割分担をしながら計画的に進めていくことが重要です。

◇特例承継計画　一部抜粋　経営計画

5　特例後継者が株式等を承継した後5年間の経営計画

実施時期	具体的な実施内容
1年目	【棚卸し資産の洗い出し】【在庫管理の見直し①】 IT導入①(レジ機能を持つタブレットを導入し，年齢別の売上傾向を把握。顧客管理システムを導入。)
2年目	【原価計算の適正化①】 IT導入②(在庫管理システムの導入。IT導入①とセットで行うことにより，売れ筋商品への注力を図り，商品の減耗防止や棚御し回転率の向上を図る。)
3年目	【店舗改装工事】 バリアフリー化を図り，ベビーカーや車椅子でも店内を見やすいようにレイアウト変更を行う。 【広告活動の強化①】 店舗改装期間中に近隣住宅をポスティングに行い，改装直後の集客を図る。HPを抜本的に見直し，性別や年齢別の人気ランキングを掲載する。
4年目	【原価計算の適正化②】【在庫管理の見直し②】 過去3年間の実績に基づき，改めて原価計算・在庫管理を行う。
5年目	【広告活動の強化②】 顧客管理システムに登録されたお客様に対して，新商品発売等に合わせてダイレクトメールを展開。 【商品ラインナップの充実】 安定的な消費が見込める文房具の取扱い開始。 今後もメインターゲットである子ども向けの商品展開を充実させていく。

(出典：中小企業庁HP「法人版事業承継税制（特例措置）の前提となる認定に関する申請手続関係書類」記載例3)

　承継後に経営者に就任した後継者が，まず初めの5年間で取り組む経営計画を記載します。これは後継者の決意表明でもあるので，後継者自身が主体的に作成し，現経営者にアドバイスをもらう形で進めることが望ましいです。

122

④ 相続ヒアリングシート

現経営者の相続に向けた準備として，現経営者の相続財産と相続人の情報を整理しておくことも重要です。ここでは，現経営者が所有する事業に関わる資産の見える化をします。

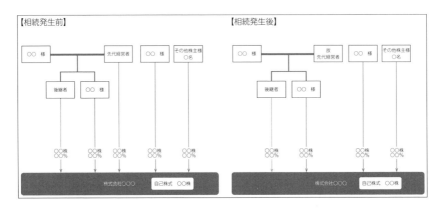

現状の会社の株主の保有株数と議決権比率を上記のような出資関係図に整理します。また，後継者に承継した後の出資関係図（ゴール）も描くことで，具体的な対策が明確になります。単に現経営者の株式のみを後継者に承継するのでなく，例えば親族外株主を将来的にどうするか，親族であっても経営に関与していない兄弟などの株主はどうするかなどさまざまな課題が明確になります。

後継者の代になった時に，経営を円滑に進めるための理想的な出資関

◇**親族図**

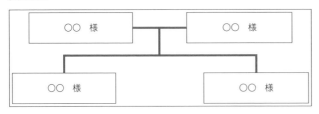

係図を描き，それに向けた対策をとることが，正しい資本戦略につながります。

　現経営者の相続人を把握するために，親族図も作成します。一般的には，相続財産全体の価額に占める非上場株式の価額の割合は大きいことが多いため，経営を承継しない相続人に対して，遺留分の手当てが必要となります。相続人全員が納得して財産を分割できるような事前の準備が必要です。

◇個人所有資産管理表

資産	利用区分	住所（住居表示）	所在地番	家屋番号	地積／実床面積	所有者	利用者	取得年月日	取得価額	固定資産税評価額	時価	含み損益
土地	自宅	●●●●	●●	-	●●㎡	●●	○○	●/●/●	●●	●●	●●	●●
家屋		○-○-○		●●-●●	●●㎡	●●	○○	●/●/●	●●	●●	●●	●●
土地	本社	●●●●	●●	-	●●㎡	●●	○○	－	－	－	－	－
家屋		○-○-○		●●-●●	●●㎡	●●	○○	－	－	－	－	－
土地	駐車場	●●●●	●●	-	●●㎡	●●	○○	－	－	－	－	－
家屋		○-○-○		●●-●●	●●㎡	●●	○○	●/●/●	●●	●●	●●	●●
土地	別荘	●●●●	●●	-	●●㎡	●●	○○	－	－	－	－	－
家屋		○-○-○		●●-●●	●●㎡	●●	○○					

　個人で所有している資産のうちに，会社が事業に使用しているものがあるかどうかを確認します。所有関係の整理をしておき事業用資産を後継者が相続できるように準備し，難しい場合には，会社で買取るなどの準備が必要となります。

　また，不動産以外にも，貸付金や借入金など，個人と会社でのやり取りがあるものを確認しておくことが必要です。

(2) 後継者側のポイント

① 後継者ヒアリングシート

　後継者ヒアリングシートとは，経営承継のために，「後継者が考える」会社の実情や後継者の意思を明らかにするためのシートです。

　後継者の経営理念や会社に対する想い，そして事業承継に向けての考えを明文化することで，後継者自身が改めて考えをまとめ，また会社や事業の理解を深めることに役立ちます。

　また，先述した現経営者ヒアリングシートと対応する形になっていますので，現経営者と後継者の回答内容をそれぞれ対比させながら共有することで，お互いの考えの違いを理解し合い，また，同じ考えを持っている項目に関し，改めて認識の共有ができるものと考えられます。

　これから経営を担っていく後継者にとっては，会社のこれまでの歩みや現経営者の想いをしっかりと理解することはとても重要なことです。現経営者が後継者に安心して経営を譲るためにも，また，後継者が自信をもって経営判断をしていくためにも，このヒアリングシートを活用した議論の場はとても有効であると思われます。

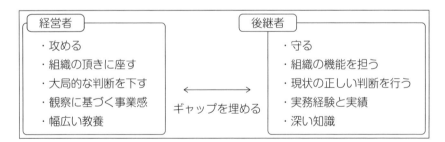

◇**経営承継ヒアリングシート（後継者用）**

区分	No.	質問内容
経営方針	Q1.	貴社の「経営理念」について，ご教示ください。 （社是・社訓など，会社が一番大事にしている価値観や信条）
	Q2.	貴社の「経営ビジョン」について，ご教示ください。 （会社が目指す方向性や中長期の将来におけるあるべき姿）
事業の状況	Q3.	貴社の収益の源泉となる「主力事業」の概要について，ご教示ください。
	Q4.	貴社が抱える「現状及び今後の課題」について，ご教示ください。 Ex.）営業面，製造面，物流面，技術面，設備面，人材面，資金面etc.
内部環境	Q5.	貴社の「強み」について，ご教示ください。 Ex.）人，物，金，情報，技術，立地，顧客や業者から特に評価されている点 etc.
	Q6.	貴社の「弱み」について，ご教示ください。 Ex.）人，物，金，情報，技術，立地，多いクレーム内容 etc.
外部環境	Q7.	貴社の事業環境における「機会」について，ご教示ください。 Ex.）技術革新等によるビジネスチャンス，規制緩和 etc.
	Q8.	貴社の事業環境における「脅威」について，ご教示ください。 Ex.）業界再編，大手企業の参入，代替品・代替サービス etc.
後継者	Q9.	後継者として「会社経営を引き継ぐ意思」について，ご教示ください。 Ex.）絶対に引き継ぎたい，他に適任者がいれば任せたい，●年間で退任を予定 etc.
	Q10.	現在までの「経歴」について，ご教示ください。 Ex.）他社職歴，所属部署，役職 etc.
承継の状況	Q11.	後継者として「経営を承継する時期」の目処について，ご教示ください。 Ex.）●年後，●年以内 etc.
	Q12.	後継者として「社長になるためのプラン」があれば，ご教示ください。 Ex.）●年後までに役員就任，●部での経験を積む etc.
	Q13.	将来的に自身をサポートすることとなる「幹部候補」の人材がいれば，ご教示くさい。 Ex.）所属部門，役職，経歴，年齢 etc.
	Q14.	後継者としてご認識されている「経営承継を行う上での課題」があれば，ご教示ください。 Ex.）権限委譲ができていない，幹部候補の育成ができていないetc.

126

② 経営デザインシート，BCP

　経営デザインシートとは，将来を構想するための思考補助ツール（フレームワーク）で，内閣府から公表されているものです。後継者自身がビジョンを理解することに役立てられます。

【経営デザインシートの目的】

環境変化に耐え抜き持続的成長をするために，自社や事業の

（A）存在意義を意識した上で，

（B）「これまで」を把握し，

（C）長期的な視点で「これから」の在りたい姿を構想する。

（D）それに向けて今から何をすべきか戦略を策定する。

（内閣府　知的財産戦略推進事務局資料より引用）

◇経営デザインシート（簡易版）

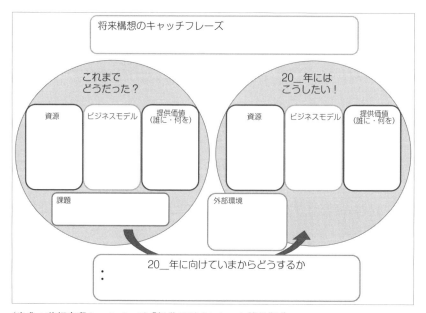

（出典：首相官邸ホームページ「経営デザインシート簡易版」）

　BCPとは，中小企業庁によると「企業が自然災害，大火災，テロ攻撃などの緊急事態に遭遇した場合において，事業資産の損害を最小限にとどめつつ，中核となる事業の継続あるいは早期復旧を可能とするために，平常時に行うべき活動や緊急時における事業継続のための方法，手段などを取り決めておく計画のこと」とされています。

◇ BCP 策定・運用，緊急時の発動についての全体像

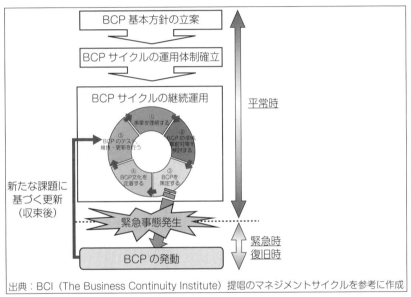

出典：BCI（The Business Continuity Institute）提唱のマネジメントサイクルを参考に作成

（出典：中小企業庁 BCP 策定運用指針）

　大災害や大事故の発生時には，限りある人員や資機材の範囲内で，全社の事業を継続させていかなければならないため，何を優先させるかという経営判断を予め行っておく必要があり，そのためにまずは中核事業を特定し，その継続に必要な資源の特定を行うことから始めます。

　いずれの手法も定型化されている分析手法となるため，まずは確認してみるのもよいと思います。

③　将来の組織図

　現経営者の時代にはうまく機能している組織も，経営者が変わればそれに合わせた組織体制が重要となります。現状の組織について現経営者の事業を理解した上で，後継者の事業として将来的にどのような組織にしたいか，組織計画を立てることも重要です。まずは，現状の組織の分析をして，現経営者の組織に対する戦略や想いも含め理解することが必要です。

　後継者の事業としての将来に対する組織の課題出しは，縦軸の職務権限課題と，横軸の業務分掌課題に分けて分析すると整理できます。職務権限とは，各職位が判断し意思決定することができる権利であり，同じ階級の職位に同じ権限が与えられているかを確認します。職務権限が明確でない場合には，職務権限規程を作成して，経営を進めやすい仕組みを作ることが必要です。業務分掌とは，それぞれの部署の役割や責任を明確にすることです。それぞれの部署の存在意義や戦略に基づいた体制になっているかを確認することが必要です。

◇現状の組織図の課題抽出例

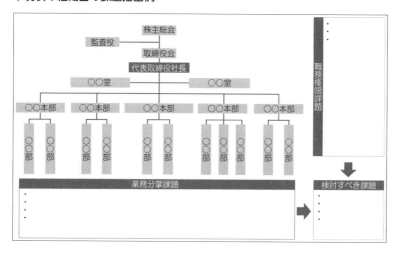

　次に，後継者が承継した後の理想的な組織図を作成します。後継者を組織でどのように支えるか，また，人材育成をどのように進めるかを検討するきっかけとなります。

◇**将来の組織図例**

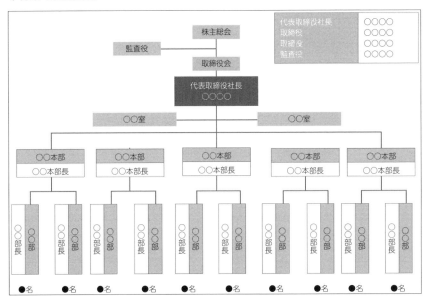

　組織体制の検討と併せて，会議体の見直しも必要です。中小企業の中には，現経営者が一人で意思決定していたという会社も少なくありません。後継者へ承継した後は，意思決定機関をしっかりと作り，運用させるために，「どの会議で，いつ，何を決定するか」を明確にし，会議を有効に活用することで円滑な経営体制を目指すことが必要です。

④　経営幹部候補の育成計画

　組織計画が決まったら，それに向けて経営幹部層の育成計画を作ります。まずは，いつ，だれが，どの役職に就任するかを決めます。先代経営者の事業承継の時期から逆算して，計画的に昇格していけるよう目標を設定します。例えば，後継者が取締役から社長になる時期と同じ時期に，部長クラスが後継者を支える経営幹部として取締役になる場合には，それに向けて準備を進める必要があります。

　まだ後継者を支える経営幹部を選定できる段階でない場合は，いつまでに選定するかという点も計画に織り込みます。

◇経営幹部育成計画

項目		1年後	2年後	3年後	4年後
現経営者	年齢	61歳	62歳	63歳	64歳
	役職	社長			
	取組み				
後継者	年齢	36歳	37歳	38歳	39歳
	役職	取締役			
	取組み				
経営幹部	年齢				
	役職	部長			
	取組み				

　次に，育成の方法を検討します。対象者のスキルや経験に合わせて検討しますが，主に下記のようなものが考えられます。

　・経営に関する基礎知識のインプット研修
　・事業計画や事業戦略，それに伴う行動目標の策定などアウトプット
　　研修
　・未経験の部署への異動や修羅場経験などの施策
　・一定水準までの意思決定を任せるなど，権限の範囲の拡大

　これらの経営幹部層の育成を通して，属人的に意思決定をするのではなく組織として意思決定ができる仕組みを整え，また，後継者と経営幹部候補のコミュニケーションを深めることも期待できます。

5年後	6年後	7年後	8年後	9年後	10年後
65歳	66歳	67歳	68歳	69歳	70歳
	会長				相談役
40歳	41歳	42歳	43歳	44歳	45歳
	社長				
	取締役				

(3) 会社側のポイント

① クレドの策定（経営理念・ビジョン・バリューの見える化）

　経営理念・ビジョン・バリューは，社員一人一人が一丸となって企業が成長していくために重要な共通の目標であり，共通の価値観です。それらを掲げていたとしても，日々の業務に追われているうちに忘れてしまうこともよくあることです。目先のことに捉われず，本来目指すべきものは何か，そのためにどのような行動をするべきか，ということを常に意識させる仕組みづくりが重要です。

◇**経営理念・ビジョン・バリューのイメージ図**

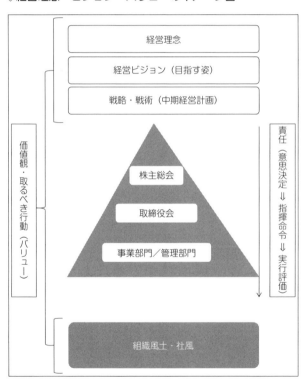

　経営理念・ビジョン・バリューを社員にとって身近なものにするために，クレドの作成が効果的です。常に携帯できる手軽な冊子をつくり，常に心に置いておいてもらいたいことを記載しておきます。また，クレドを朝礼の場などで読み上げるなど普段から活用しておくことで形骸化を防ぐことができます。

◇クレドのイメージ図

　経営理念とは・・・経営トップの哲学であり，夢やビジョンを達成するための実践哲学です。

　経営ビジョンとは・・・経営理念が概念的な考え方であるのに対し，ビジョンは将来のあるべき姿や展望を言います。経営理念よりもビジョンの方が，近い将来を想定して設定されます。

　バリューとは・・・組織構成員の間で共有認識として扱われている行動規律や価値観などといった基本指針を言います。社員が行動する際に，スピード重視？丁寧な対応を重視？のように「会社として何を良しとするか」といった価値観をいいます。

　これらを見える形にし，1人1人が理解して体現できれば，チームワークが向上し，組織力の強化が図れます。

② 従業員エンゲージメントの調査

　従業員エンゲージメントとは，従業員の会社に対する帰属意識を測る指標であり，エンゲージメントが高いと，会社のために貢献したいというモチベーションや，会社に対する愛着心を持っていることになり，離職率の低下につながり，組織力が強化されます。従業員エンゲージメントを把握することで，会社の経営方針やマネジメントの課題点が見えてくる場合もあります。

　エンゲージメントの視点としては，主に以下の2点と考えます。

（i）　満足度

（ii）　愛着度

　従業員エンゲージメントを調査する手法として，右記の「Q12診断」というものがあります。『最高のリーダー，マネジャーがいつも考えているたったひとつのこと』（マーカス バッキンガム著）にて紹介されている手法です。この点数が上がれば上がるほど，会社の業績があがるということがわかっています。

　このように，従業員エンゲージメントを定点観測し高いエンゲージメントを維持するため，組織開発や従業員の価値観を共有することにより，エンゲージメントを維持し，離職者を減らし，ハイパフォーマーを引き留めることができます。

　また，先述した，理念・ビジョン・バリューの従業員への浸透のための施策と合わせて行うことで，より一層，従業員一人一人のモチベーション向上につながり，一人一人がより良いパフォーマンスを発揮できる会社になります。

◇帰属意識調査

それぞれの質問に対して下部にある評価結果から1から5までの数値にチェックを入れて下さい。

#	質問内容	1	2	3	4	5	理由（任意）
Q1	職場で自分が何を期待されているのかを知っている	☐	☐	☐	☐	☐	
Q2	仕事をうまく行うために必要な材料や道具を与えられている	☐	☐	☐	☐	☐	
Q3	職場で最も得意なことをする機会が毎日与えられている	☐	☐	☐	☐	☐	
Q4	この7日間のうちに，よい仕事をしたと認められたり，褒められたりした	☐	☐	☐	☐	☐	
Q5	上司または職場の誰かが，自分をひとりの人間として気にかけてくれるようだ	☐	☐	☐	☐	☐	
Q6	職場の誰かが自分の成長を促してくれる	☐	☐	☐	☐	☐	
Q7	職場で自分の意見が尊重されるようだ	☐	☐	☐	☐	☐	
Q8	会社の使命や目的が，自分の仕事は重要だと感じさせてくれる	☐	☐	☐	☐	☐	
Q9	職場の同僚が真剣に質の高い仕事をしようとしている	☐	☐	☐	☐	☐	
Q10	職場に親友がいる	☐	☐	☐	☐	☐	
Q11	この6ヵ月のうちに，職場の誰かが自分の進歩について話してくれた	☐	☐	☐	☐	☐	
Q12	この1年のうちに，仕事について学び，成長する機会があった	☐	☐	☐	☐	☐	

評価点
・完全に当てはまる（5点）
・やや当てはまる（4点）
・どちらともいえない（3点）
・やや当てはまらない（2点）
・完全に当てはまらない（1点）

（出典：マーカス・バッキンガム，カート・コフマン（著），宮本喜一（訳）『まず，ルールを破れ　すぐれたマネジャーはここが違う』（日本経済新聞出版社）をもとに筆者が一部表現を変更している。）

③　IT 環境チェックシート

　働き方の多様化，IT 化のさらなる加速が進む社会において，IT 環境の整備は急務となっています。

　東京商工会議所が発行している『今日からできる！業績向上への IT 活用ガイドブック』において，IT 化の効果としては，以下の３点が取り上げられています。

(ⅰ)　製品・サービスの PR 力を上げる

(ⅱ)　商品の競争力を高める

(ⅲ)　コミュニケーションを良くする

　まずは，現状の自社の IT 環境を分析し，自社に足りていないものが何かを把握することが必要です。右記の「IT 化チェックシート」を活用して分析をすることができます。

　チェックシートは，PR 強化，競争力強化，コミュニケーション強化の３つの区分に分かれているため，それぞれ多く該当した項目を優先的に IT 化を検討し，必要なシステムを導入する必要があります。

(ⅰ)　PR 強化：不特定多数又は特定顧客への PR，顧客データベースの作成による顧客のマネジメント

(ⅱ)　競争力強化：市場のニーズの把握，品質管理，人材育成やノウハウの伝承

(ⅲ)　コミュニケーション強化：情報共有，営業支援システム，社内SNS

◇ IT化チェックシート

自分の会社には何が必要？ IT化チェックシート

これまで経営にITを活用するポイントをご紹介してきました。いまやPCを導入していない企業の方が珍しいかと思います。
今持っているITを有効なものにするために点検のポイントをご案内します。

PR強化

- ☐ HPを作りたい，または会社パンフレットとは違うように作り直したい。SNSを活用したい。
- ☐ 問い合わせや申込みがわかりやすくできるような画面構成にしたい
- ☐ HPが検索され，目に触れるようにしたい
- ☐ HPがどんな人に見られているかを知りたい
- ☐ 特定顧客に，タイムリーに情報を送りたい
- ☐ SNSなどを活用し，顧客の声を聞くことができる仕組みにしたい

競争力強化

- ☐ 顧客へのアンケート作業を簡素化したい
- ☐ いま自社で何が売れているのか把握できるようにしたい
- ☐ 自社のHPで何が注目されているのか把握できるようにしたい
- ☐ 会社にどのような問合せがあるのか把握できるようにしたい
- ☐ 「誰」が，「何」を買ってくれているのか把握できるようにしたい
- ☐ 個別の製品・サービスの販売履歴が把握できるようにしたい
- ☐ 過去の見積もりデータを記録し，活用できるようにしたい
- ☐ 図面や資料の新旧取り違えがないようにしたい
- ☐ 新規サービスの情報を従業員間で共有できるようにしたい
- ☐ 問い合わせやクレームの情報を共有できるようにしたい
- ☐ 技術やノウハウを資料やマニュアルを配布だけではなく，内容も効果的に伝えたい
- ☐ オンデマンドで従業員が独自で学べるようにしたい
- ☐ 見積依頼に迅速に正確に対応したい
- ☐ 業務ソフトの連携を図りたい

コミュニケーション強化

- ☐ 顧客情報が個々の従業員ごとの管理ではなく共有したい
- ☐ 顧客の特性が，関係する従業員間でわかるようにしたい
- ☐ 情報セキュリティを踏まえた上で複数の従業員が顧客データベースのメンテナンスできるようにしたい
- ☐ 役員・従業員の行動予定・スケジュールを関係者が確認できるようにしたい
- ☐ 社内のPCをつなげて資料やカタログを，関係する従業員同士で確認できるようにしたい
- ☐ 作業スタッフ等の訪問可能日に迅速に正確に対応したい
- ☐ 製品の在庫状況に対する問い合わせに迅速に正確に対応したい
- ☐ 製品の納期に対する問い合わせに迅速に正確に対応したい
- ☐ 引合や受注案件情報，生産情報等の進捗，在庫情報を関係者が見ることができるようにしたい
- ☐ セキュリティを踏まえ顧客情報を関係者が確認できるようにしたい
- ☐ 社内のデータ・資料を外注先からでも見ることができるようにしたい
- ☐ 遠隔地の営業所等と遠隔会議を行いたい
- ☐ 営業報告書等の作成は外注先からでもできるようにしたい
- ☐ 営業報告書等が自動集計できるようにしたい
- ☐ 外注先で経理等の業務処理を可能にしたい

PC入れっぱなし・HP作りっぱなし会社	ITで元気になりたい会社	ITでチャレンジする会社
ITならではの特長を活かす	さらなるIT活用にチャレンジ	専門家と取り組むITの戦略的活用

という感じでチェックしてみてください。

（出典：東京商工会議所『今日からできる！業績向上へのIT活用ガイドブック』）

3 カネに関する項目

(1) 現経営者側のポイント

① 実態バランスシート

　貸借対照表（BS：Balance Sheet）とは，会社の財政状態を明らかにする表であり，左側（借方）には資産状況，右側（貸方）にはその元金の状況を示しています。日々の取引を仕訳により記帳し，その結果として，蓄積された現在の形が貸借対照表となっています。従って，過去発生しているものなどについて，適正な処理がされていない場合には，貸借対照表が現在の実態を適正に表せているかは確実ではありません。また，会計原則に則って処理されているかどうかも確認が必要となります。

（例）実態貸借対照表

勘定科目	貸借対照表計上額	修正金額	修正後	内容	勘定科目	貸借対照表計上額	修正金額	修正後	内容
現金及び預金	×××		×××		買掛金	×××	△×××	×××	過去過大計上
売掛金	×××	△×××	×××	A社に対するものは回収不能	未払金	×××		×××	
商品	×××	△×××	×××	b商品について販売見込みなし	未払消費税等	×××		×××	
建物	×××	×××	×××	現状の時価に置き直し，含み益	未払法人税等	×××	×××	×××	概算計上のため，実額を計上
建物付属設備	×××		×××		役員退職慰労金		×××	×××	計上されていないが支給が必要
工具器具備品	×××		×××		資本金	×××		×××	
土地	×××	×××	×××	現状の時価に置き直し，含み益	利益剰余金	×××	×××	×××	調整額
投資有価証券	×××	△×××	×××	c株式を現状の時価に置き直し，含み損					
出資金	×××	△×××	×××	d会員権は回収不能					
長期貸付金	×××	△×××	×××	e宛の貸付金は回収不能					

　現在の実態とは乖離が生じている場合（例えば，資産の含み損益が発生している場合や将来の退職金等の潜在的債務がある場合など）には，左記のように修正事項を折り込み，実態の貸借対照表へ修正する作業が必要となります。この修正後の貸借対照表を実態バランスシートと呼んでいます。

（例）調整後純資産価額

		調整額	評価方法
帳簿純資産価額	A	×××	20xx／x期
売掛金の評価減	1	×××	回収可能性が低い売掛金につき評価減
有価証券の評価	2	×××	時価評価
不動産の含み損益	3	×××	鑑定評価
貸倒引当金の追加計上	4	×××	債権の回収可能性を考慮し追加計上
退職給付当金の未積立	5	×××	要計上額を計上
敷金保証金の減額	6	×××	返還不要額について取崩し
未払労働債務の計上	7	×××	要計上額を計上
調整項目合計	B	×××	1〜7の合計
調整後純資産価額	C	×××	A−B

　現経営者から引き継いだ会社の財務状態について，現経営者の時代に処理してきた取引の結果が貸借対照表となっています。しかし，それをそのまま受け入れるのではなく，後継者の目で実態をしっかりと捉え，また，現在の実態に合わせ会社の財務状態を捉えることが必要となります。

チェックポイント

勘定科目	内容
売上債権	回収不能となってしまっているものはないか
棚卸資産	今後売れる見込みのない不良在庫などはないか
有価証券	時価にすると含み損益はあるか
固定資産	実在しないものが計上されたままになっていないか
不動産	時価にすると含み損益はあるか
出資金	回収不能となってしまっているものはないか
保険積立金	解約した場合の解約返戻金との差額として含み損益はあるか
退職給付引当金	退職金の支給は必要か，必要な場合には対象者分の引当金が計上されているか
役員退職慰労引当金	退職金の支給の予定はあるか，必要な場合には対象者分の引当金が計上されているか
その他引当金	発生の可能性の高いものについて，引当金に計上されているか

② 不動産一覧表

　会社が所有する不動産は貸借対照表や固定資産台帳などに記載されていますが，それらは取得価額を基礎とした帳簿価額にて管理されています。現状の時価がいくらであるのかなどを知ることにより，現在の実態を捉えることができます（①実態バランシート参照）。

　また，会社の事業に供している不動産には，会社が所有しておらず，他者から借りているものもあります。その中でも，現経営者が個人で所有しており，会社の事業のために使用している不動産については，現経営者の相続により予定外の相続人に承継され，事業のために使用することができなくなってしまうなどということがないよう注意する必要があります。

　そのため，会社が所有する不動産，会社が事業に供しているもの（所有しているもの，他者から借りているもの）について不動産一覧表を作成し，継続して活用するために問題がないかを整理しておく必要があります。

　不動産の含み損益や会社の借入の担保に供されているかどうか，個人保証も併せて整理しておくと，今後の会社の借入などを検討する際，担保余力としてどの程度余裕があるのか，不動産の売却の検討を行う際，担保の関係で売却できるのかどうかも整理できるため，さらに有益なものとなります。

（例）不動産一覧表

資産	利用区分	住所（住居表示）	所在地番	家屋番号	地積／実床面積	所有賃貸	所有者	取得年月日	帳簿価額	固定資産税評価額	時価	含み損益	担保	種類	金融機関	借入金残高
土地	本社	●●●● ○-○-○	●●	-	●●㎡	所有	-	●/●/●●	●●	●●	●●●●	●●●	○	抵当権	A銀行	●●
家屋			●●-●●	●●㎡	所有	-	●/●/●●	●●	●●	●●●●	●●●	○	抵当権	A銀行	●●
土地	A支店	●●●● ○-○-○	●●	-	●●㎡	賃借	●●●●	-	-	-	-	-	-	-	-	-
家屋			●●-●●	●●㎡	賃借	●●●●	-	-	-	-	-	-	-	-	-	-
土地	B工場	●●●● ○-○-○	●●	-	●●㎡	賃借	●●●●	-	-	-	-	-	-	-	-	-
家屋			●●-●●	●●㎡	所有	-	●/●/●● ●●	●●	●●●	×	-	-	-	-
土地	C営業所	●●●● ○-○-○	●●	-	●●㎡	賃借	●●●●	-	-	-	-	-	-	-	-	-
家屋			●● - ●	●●㎡	賃借	●●●●	-	-	-	-	-	-	-	-	-	-

（例）担保設定状況

担保権者	A銀行	A銀行	B銀行	C銀行
種類	抵当権	根抵当権	根抵当権	根抵当権
債権額／極度額	１億円	２億円	１億円	１億円
共同担保目録	●●	●●	●●	●●
対象債権	20●●/●/● 金消契約	20●●/●/● 金消契約	20●●/●/● 金消契約	20●●/●/● 金消契約
個人保証	●●●	●●●	●●●	●●●

資産	利用区分	地積／実床面積	所有賃貸	取得年月日	時価	20●●/●残高	●●	●●	●●	●●
土地	本社	●●㎡	所有	●/●/●	●●			1 200,000,000 1	2 100,000,000 2	3 100,000,000 3
家屋		●●㎡	所有	●/●/●	●●					
土地	B工場	●●㎡	賃貸	-	-					
家屋		●●㎡	所有	●/●/●	●●	1 ●●				

142

③ 退職金と生命保険

現経営者が引退するとき，役員退職慰労金を支給することが一般的です。現経営者個人の所得税，個人住民税を考えると，役員報酬で支給を受けるより役員退職慰労金で支給を受ける方が税額が一般的には低くなり，社会保険料の対象にもならないため，現経営者にメリットがあります。また，そもそも現経営者には，引退までの期間，会社を牽引してきた功績があるため，現経営者や会社の納得できる金額で役員退職慰労金の支給をして頂ければよいと思いますが，一般的には下記のポイントを確認することになります。

　・法人税の計算上，損金算入できるかどうか

　・退職金を支給するための会社の資金繰り

　・決算内容に対する影響

（ⅰ）　法人税の計算上，損金算入できるかどうか

役員に対して支給する退職金の額のうち不相当に高額な金額は損金にはなりません。高額な金額の基準となる適正額の計算は，一般的には「最終報酬月額×在任年数×功績倍率」として計算されます。この計算における功績倍率について明確な基準はありませんが，過去の判例などでは同業他社（同規模同業種）の平均値と比較して過大かどうかを判断することとなるため，知り得る範囲で同業他社の情報を確認しておく必要があります。

（ⅱ）　退職金を支給するための会社の資金繰り

退職金を支給する場合には原資が必要となります。金額も大きくなる傾向があるため，退職金の原資の準備をしていくことが必要となります。現預金として準備すれば確実ですが，一定期間置いておく必要があるため，急な支出など，事業資金として使用してしまうこともあります。その場合には，現預金以外（有価証券，不動産）にしておく方法や，外部積立（共済制度，保険契約）を活用することにより他の用途への転用を

防ぐことが可能です。

(iii)　決算内容に対する影響

退職金を支給するための原資をどのように準備するかによって，退職金の支給における業績への影響が変わってきます。例えば，保険契約を活用することで，積立時点の保険料負担の時点で一部を損金算入でき，保険金の支給のタイミング（保険契約は解約し，解約返戻金を受け取る）では，解約返戻金について益金に算入され，退職金の損金に補填することができ，業績に与える影響を抑えることができます。

種類	貸借対照表への影響	（退職金支給時）損益計算書への影響	メリット	デメリット
現預金	現預金勘定に残高が計上される	退職金支給額が損失として計上される	わかりやすい，確実資金繰りに応じて積立が可能	運用効率が悪い
有価証券	有価証券勘定に帳簿価額が計上される※時価評価の対象となる場合には時価	有価証券の売却損益が計上される退職金支給額が損失として計上される	投資による値上り配当金などの運用益	損失となる可能性がある
不動産	建物土地勘定に帳簿価額が計上される※時価評価の対象となる場合には時価	不動産の売却損益が計上される退職金支給額が損失として計上される	投資による値上り賃貸収益などの運用益	損失となる可能性がある固定資産税などの固定費
保険契約	資産計上部分：保険積立金に計上（その他部分：保険料として費用計上）	保険金受取金額と資産計上額の差額が益金に計上される退職金支給額が損失として計上される	保険契約の保障が受けられる保険料が費用に計上される	保険料を継続して支払う必要がある

なお，保険については別途，保険一覧表を決算ごとに更新し，保険の内容の見直しも含め，退職金の原資の目的のものについては退職金の原資に過不足がないかを確認していく必要があります。

保険会社	保険種類	契約者	契約期間	保険料	支払方法	死亡保険金	解約返礼金（●/●/●時点）	コメント
●●保険	がん保険	A	●●～●●	●●円	月払い	●●万円	●●万円	●年●月が返礼率100%
●●保険	医療保険	A	●●～●●	●●円	年払い	●●万円	●●万円	

④ 相続税額計算書

　事業承継においては，経営の承継と共に資産の承継も考えておく必要
があります。資産の承継とは，事業に必要な資産（株式や事業用資産）
を現経営者から後継者に承継することですが，個人から個人への承継に
ついては，一般的には贈与や相続により承継されることとなり，資産の
状況次第では，多額の贈与税・相続税が発生する可能性があります。

　贈与税・相続税は原則として現金での一括納付が必要となるため，納
税のための資金を確保しておく必要があり，不足分を会社が補填しなけ
ればいけない事態もあり得ます。万が一に備え，贈与税・相続税の計算
を事前に行っておく必要があります。

　贈与税・相続税の計算に必要な情報として，法定相続人の数，先代経
営者の財産額を確認する必要があります。その際，下記のようなチェッ
クシートを活用しながら情報を整理していきます。

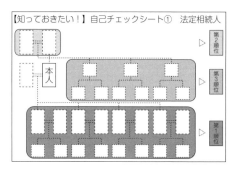

　相続税が発生する可能性がある場合には，納税資金の確保は相続人ごとに行う必要があるため，相続人ごとの納付すべき相続税額の計算をする必要があります。また，相続税が発生しない場合にも相続人ごとの分割方法を検討し，遺産分割を行う必要があるため，下記のようなものを活用し，検討する必要があります。

◇　〇〇　〇〇様　相続税額試算

(単位：円)

資産明細	価格	相続人A (配偶者)	相続人B	相続人C
自宅	50,000,000	50,000,000		
賃貸用不動産	60,000,000		60,000,000	
現預金	200,000,000	120,000,000	40,000,000	40,000,000
有価証券等	50,000,000	30,000,000	10,000,000	10,000,000
自社株式	600,000,000		600,000,000	
(1) 取得財産の価額	960,000,000	200,000,000	710,000,000	50,000,000
(2) 債務及び葬儀費用	0	0	0	0
(3) 純資産価額 [(1)-(2)]	960,000,000	200,000,000	710,000,000	50,000,000
(4) 3年内贈与加算	0			
(5) 課税価格（千円未満切捨）	960,000,000	200,000,000	710,000,000	50,000,000
(6) 基礎控除額	48,000,000			
(7) 相続税の総額	337,200,000			
(8) 按分割合	1	0.21	0.74	0.05
(9) 各人の相続税額	337,200,000	70,250,000	249,387,500	17,562,500
(10) 贈与税額控除				
(11) 配偶者の税額軽減		70,250,000		
(12) 相次相続控除				
(13) 精算課税贈与税額控除				
(14) 納税猶予税額				
(15) 納付税額	266,950,000	0	249,387,500	17,562,500

　また，現経営者の個人財産を把握することができるため，その際，会社の事業用資産の所有権について個人と会社の区別ができているか，先代経営者と会社との間で事業上必要のない資金の貸借がないかも併せて確認しておく必要があります。

(2) 後継者側のポイント

① 中期事業計画

　後継者が経営を承継する意思を固めた後に，後継者が主導し中期事業計画を作成することにより，後継者が経営を承継した後の未来を具体的にイメージすることができます。

　また，現経営者も承継後，急に後継者に経営を任せることに不安があります。実際に経営を承継する前に計画を確認することにより，後継者のやりたいこと，経営の方向性や実際の数値の計画を把握することができ，また，その計画を通じて会話することにより，後継者を理解することにも役立ちます。

　一般的には次のステップで中期事業計画を策定していきます。

```
1  会社概要
     経営理念，当社の歩み，役員構成，グループ拠点
2  経営指標の推移
3  現状の組織体制
4  内部・外部環境分析
     ビジネスフロー，バリューチェーン，SWOT分析，事業の方向性
5  過年度分析
6  中期ビジョンの策定
7  計画策定
     全社方針，損益計画，資金計画，組織計画，人員計画
8  アクションプランの策定
```

　経営承継における事業計画では，現経営者の行ってきた経営を基盤として考えていくため，まずは後継者が現経営者の行う経営を理解することから始まります。現状の会社概要の取りまとめ，過去の経営指標（過去10年分は確認します）の分析，内部・外部環境分析を通じ，現経営者の経営に対する想い，スタンスを確認します。

　その後，そのスタンスを理解した上で，後継者の経営への想い，スタンスを重ね，計画，アクションプランを策定していく必要があります。

　事業や組織・人，資金などの経営資源について深く理解していくことが重要ですが，計画策定には経営指標の理解も必要となるため，業界の標準値や過去の経営指標を通じ，自社についての理解を深める必要があります。

	指標	内容	計算式
収益性	総資本事業利益率（ROA）	企業が総資本（総資産）を使い経営活動を行った結果，どれだけの利益を上げたかを示す指標です。	事業利益（営業利益＋受取利息・配当金）÷総資本（貸借対照表上における負債と純資産の合計額）
	自己資本利益率（ROE）	株主が出資した資本でどれだけの利益を獲得したかを示す指標です。	当期純利益÷自己資本（貸借対照表上における純資産から新株予約権を差し引いた額）
	売上高総利益率	企業が提供している商品・製品，サービスそのものの収益性を示す指標です。	売上総利益÷売上高
	売上高営業利益率	企業の本業による収益性を示す指標です。	営業利益÷売上高
	売上高経常利益率	財務活動も含めた企業の通常の経営活動による収益性を示す指標です。	経常利益÷売上高
安全性	自己資本比率	総資本に占める自己資本の割合を示す指標です。	自己資本÷総資本
	流動比率	1年以内に支払義務がある流動負債に対して，1年以内に現金化できる流動資産がどの程度確保されているかを示す指標です。	流動資産÷流動負債
	当座比率	流動比率の分子の流動資産を，より回収可能性の高い当座資産に置き換えた指標です。	当座資産（現金及び預金＋受取手形＋売掛金＋有価証券）÷流動負債
	固定比率	固定資産が，自己資本でどの程度カバーされているかを示す指標です。	固定資産÷自己資本
	固定長期適合率	固定資産が，自己資本と固定負債（社債や長期借入金等）でどの程度カバーされているかを示す指標です。	固定資産÷（自己資本＋固定負債）
	インタレスト・カバレッジ・レシオ	営業利益で借入金利息の支払いをまかなえているかを示す指標です。	営業利益÷支払利息
効率性	総資本回転率	事業に投資した総資産がどれだけ有効に活用されたかを示す指標です。	売上高÷総資本
	売上債権回転率	売上債権の回収に要する月数（日数）を示す指標です。短い方が早く現金化されているということです。	（受取手形＋売掛金）÷年間売上高÷12
	棚卸資産回転率	棚卸資産が在庫として滞留している月数（日数）を示す指標です。短い方が早く販売されているということです。	棚卸資産÷年間売上高÷12
	有形固定資産回転率	企業の所有する有形固定資産がどれだけ有効活用されているかを計る指標です。	売上高÷有形固定資産

② 予算管理

　事業計画を作成しただけでは計画を達成することは難しいです。計画を達成するためには，予算管理をするための予算統制を行う必要があります。予算統制とは予算に基づく管理方法であり，月次決算を基に予算と実績の差異を分析し，改善策を検討し，実行していくことです。予算統制のようなチェックがなければ，予算に基づいた事業活動は実行されません。人はチェックされた方が動機付けとなるため，牽制のためにも予算統制が必要となります。

　また，その分析や検討は月次の経営会議で行うことが有効です。経営会議の場で確認することにより，会社全体のトレンドが把握でき，会社全体の状況や他の部門の動きに合わせ自部門の戦略や改善策を修正し，計画を見直すことができます。部門間の調整も部門責任者同士で迅速に行え，別部門同士で同じ目標に向かい進んでいくため，会社全体の一体感を醸成することも期待できます。

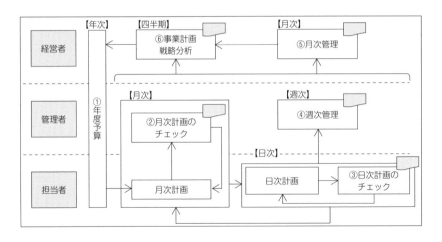

（例）予実管理表

損益予算比　　●月　　　　　　（単位　百万）

科　目　名	実績	予算比較			
		予算	差異	予算比
売上高	●●	●●	●●	●●%
売上原価	●●	●●	●●	●●%
売上総利益	●●	●●	●●	●●%
売上総利益率	●●%	●●%	●●%	
販売費及び一般管理費	●●	●●	●●	●●%
営業利益	●●	●●	●●	●●%
経常利益	●●	●●	●●	●●%
税前利益	●●	●●	●●	●●%
当期純利益	●●	●●	●●	●●%

差異分析

【売上高／粗利率】

　予算●●百万円に対し，実績●●百万円となり計画達成（＋●●百万円）となりました。

・得意先別の予算対比状況では，A社（●●百万，予算比＋●●百万），B社（●●百万，予算比＋●●百万），C社（●●百万，予算比＋●●百万）を中心に増収しております。

→主な増加要因は以下の通りです。

　A社に対する営業強化，B社に対する新規サービス展開，C社に対する新製品の提案

【販売費及び一般管理費】

×××

【営業利益／経常利益／純利益】

×××

　なお，これらの分析を行う上で，月次決算を行うことも必要となります。事業計画で設けた部門などのセグメントごとに，月次の決算数値を毎月正確に，かつ，迅速にまとめることが必要です。その数字が出来上がらない場合には予算管理ができなくなってしまうため，策定した事業計画を実行することが難しくなってしまいます。

⑶　会社側のポイント

① KPI 管理

（i）　KPI の設定

KPI とは目標を達成するための方法が実行されているかを管理するための指標であるため，KPI の設定の際には，戦略に合わせた実効性の高い目標とすべきですし，わかりやすく，管理しやすいものであることが理想です。目標に向け日々行動していく従業員が，KPI を意識して日々の行動ができるかどうかが KPI の達成のカギとなるからです。

そもそも KPI の設定をどのようにするかは会社ごとの戦略などによるところが大きくなりますが，どのような場合においてもその時々の状況に合わせ，KPI の優先順位を決め，今やるべきことをその目的とともに明確にすることが必要です。また，KPI が達成されたことにつき，従業員の貢献度を図り，評価に繋げていく仕組みも併せて構築することにより従業員のモチベーションにも繋げることができます。

（ii）　KPI の管理

KPI は戦略における目的の達成においても，従業員の評価においても重要な管理指標となるため，日々の従業員の行動において管理する必要があります。その場合のポイントは次の点です。

（a）　どのように KPI を管理するか（仕組み）

（b）　どのタイミングで KPI を管理するか（時期）

（c）　誰が KPI を管理するか（担当者）

（d）　取りまとめた KPI をどのように評価するか（チェック）

上記の点を事前に決め，実効性を持たせる仕組みとしておく必要があります。

指標	内容	例	
KGI（Key Goal Indicator）	目標達成指標	売上前年比2%増	：目標達成
↓		↑	
KSF（Key Success Factor）	目標達成のために最も重要な活動	新規顧客の開拓	
↓		↑	
KPI（Key Perfomance Indicator）	KSFを評価するための指標	新規営業件数5件／月	：報酬評価

(iii)　どのように KPI を管理するか（仕組み）

　目標達成のための仕組みができたとしても，その達成のためには管理することが大切となります。その管理した KPI を基準に PDCA サイクルにて運用していきます。

　まずは KPI を定量的に評価できる指標としておく必要があり，その KPI を可視化し，誰もが確認できるようにしておく必要があります。定期的に確認し，機能していない場合には分析し，課題を抽出し修正していきます。従業員全員が一丸となって KPI 管理を実行する必要があり，そのためには従業員全員からの報告が必要となります。従業員一人一人の納得が無いと機能しませんので，評価制度と連動させることや，管理方法を明確にし，納得をしてもらうようにしておく必要があります。システムを導入し，管理ツールの活用をすることも可能です。

(例) KPI 管理表

氏名	KPI	アクションプラン	●月			特記事項
			実績	評価	コメント	
A	新規営業件数20件／月	●●	23件	◎	××	
B	新規営業件数15件／月	●●	11件	×	××	
C	新規営業件数10件／月	●●	10件	○	××	
D	新規営業件数10件／月	●●	3件	×	××	
E	新規営業件数5件／月	●●	4件	△	××	
F	新規営業件数5件／月	●●	6件	◎	××	

② **業績管理**

(i) 財務情報に基づく業績指標

KPI は測定可能な指標であることがほとんどですが，財務情報に基づく指標とすることもあれば，非財務情報に基づく指標もあります。いずれにせよ管理していく必要があるため，仕組みの構築が必要ですが，財務情報に基づく KPI の場合には，月次決算を迅速にまとめ，月次ごとの達成状況を検証し，差異を分析し，改善していくことになります。月次決算の状況次第でその月次ごとの検証作業のタイミングが異なるため，タイムリーに行える方が早期に経営判断できるメリットがあります。

(ii) 月次決算の早期化

月次決算が遅れてしまっていることには要因があり，まずはその要因を特定する必要があります。要因分析のステップは次の通りです。

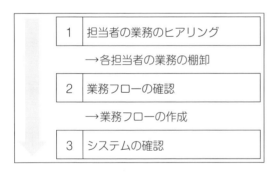

月次決算は経理だけで完結することはできないため，業務フローは経理部のみではなく，全社的に見直す必要があります。例えば，営業からの報告期日が曖昧となり，報告が遅れていることや，社内のフォーマットが統一されておらず集計に時間を要することなどがあります。このような場合には社内ルールを設け，全社一丸となって取り組んでいく必要があります。

(ⅲ)　業務の効率化

　決算早期化の検討にあたり，各担当者の業務の棚卸や業務フローの見直しを行います。また，社内ルールを設け，各部の責任を明確にしていきます。その際，各担当者や各部との業務の見直しを行うことになるため，現状の組織や機能を改めて整理し，各担当者の業務量や業務時間と併せて見直す必要があります。定量的・定性的な課題分析を行い，集約できる業務があれば業務の集約を行い，効率化を図り，システム未対応となっている業務についてシステム化することによりコスト削減になるものがないか，システム導入の検討を行うことも必要です。

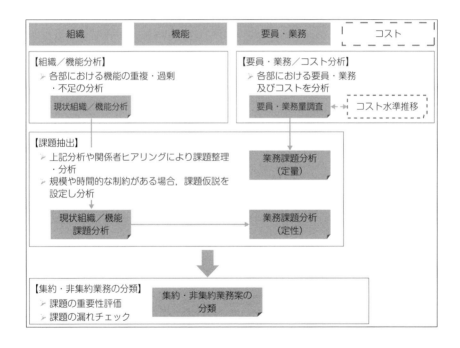

③　事業継続か事業廃止か

（ⅰ）　事業損益の把握

　事業を継続するべきか，廃止するべきかの判断は非常に難しいものです。まずは正確な情報管理をしておく必要があります。会社全体の事業であれば，全社の損益であり決算数値でもあるため，把握することができていても，個別事業である場合には，事業ごとの採算を管理しておく必要があります。

　事業ごとの採算管理を行う場合には，事業ごとの営業利益（いわゆる貢献利益）を確認し，併せて本部費を事業ごとに配布した配賦後営業利益を意識しておく必要があります。本部費はその事業がどの程度本部からの支援を受けているかに応じて負担する必要があり，明確な基準があるわけではありませんが，売上高や人員数，売上総利益などの各事業比率に応じて配賦していきます。

（ⅱ）　事業計画の重要性

　現状の事業損益を把握し，臨時的な損益は考慮しない場合の貢献利益が赤字であれば，今後の事業計画が重要となっていきます。事業計画で将来的な予測を行い，どの程度で黒字になるか，投資回収はどの程度で可能になるかを見極め，撤退すべきかどうかを判断することとなります。この判断が遅れると資金繰りに困窮し，その後債務超過の状態となってしまうため，撤退の場合には早めの決断が必要となります。

　また，貢献利益が黒字である場合にも，今後の事業計画が必要となることもあります。将来的に市場が縮小，業界が減退していってしまうような事業である場合，事業計画を基に将来の獲得できるキャッシュフローと現時点の事業の清算価値とを比較し，現時点で事業を売却することも１つの選択肢となります。

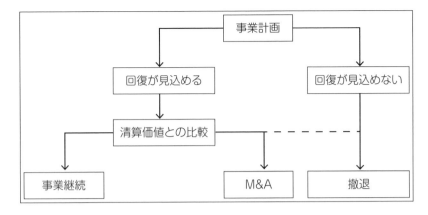

(iii)　清算コスト

　清算価値を把握する際，事業ごとの貸借対照表を実態 BS として評価を行う必要があります。また，M&A であればその金額を基礎として検討を進めていけばよいですが，撤退（清算）を検討する際には，清算コストも追加で検討する必要があります。例えば，不動産の売却における売却関連費用や借入金の返済における違約金の負担など金額も大きくなる可能性が高いため，考慮しておく必要があります。

(iv)　継続的なモニタリング

　事業環境（外部環境，内部環境）は日々変化もしていきますし，短期的な視点では決断できないことでもあるため，継続的に上記についてモニタリングをしていく必要があります。「計画値を●％2年連続で下回る場合」や「●期連続で貢献利益がマイナス」などの形式的な基準を設け，その基準に抵触した場合には強制的に撤退する，というようなことも運用ルールとしてはわかりやすいものとなります。

Column　経営承継とは

　上場会社などの大企業であれば適切に組織化されていることが多いため，経営者の交代が中堅中小企業に比べスムーズに進むことが多いかと思います。しかし，中堅中小企業については，必要性を感じながらも，日々の業務に追われ，「代表者による経営」から「代表者を中心とした組織経営」への移行が進んでいない場面が多く見受けられます。現代表者から後継者への「経営者の交代」だけではなく，企業を構成するヒト・モノ・カネという経営資源の承継である「経営承継」が重要となります。

　また，現経営者と後継者の関係性（例えば親子や上司部下など）もあり，当事者だけでは進めにくい状況も多々あります。客観的な立場として外部パートナーと連携することが有効な部分も多くあるため，早い段階から外部パートナーを活用することも必要です。しかし，「経営承継は正解も終わりもない」といわれるように，長期的な取組みとなることから，外部パートナーを選定する場合には，限られた業務範囲ではなく，さまざまな内容について長く気軽に相談できるパートナーを選定した方が良いかと思います。

第4章
経営承継の診断と事例

1 アセスメント

(1) 自己診断

　アセスメントの自己診断は経営スキルマップ，リーダーシップコンピテンシー，価値観や性格など，基本的資質の3点を確認するものです。

　例えば，経営スキルマップについては，以下の5段階の評価をベースに自己診断を実施してもらいます。

◇（図1）5段階評価

1	未経験
2	現経営者や指導者あるいは周囲へ確認することで判断可能
3	現経営者の指導なしで独自で判断・実施できる※
4	想定外事象を含めて独自で判断し実施できる※
5	本領域の経営のプロとして後進を指導できる

※最終決定については役員会議や取締役決議の場合でもスキルとして評価します。

◇経営スキルマップ（一部抜粋）

#1	大項目	中項目	スキル概要	#2	具体的スキル要素（特定領域の高度な知識と経験）	本人	一次	最終
1	ビジョン創造計画・実行	経営環境理解	自社の経営環境理解を測るスキル群。	1	自社に関連する主要経済指標の理解	3	5	5
				2	外部環境分析（PEST，5フォース）の理解	3	5	5
				3	新テクノロジーの理解（DX，プラットフォーム）	3	5	5
		経営戦略基本	自社の経営戦略の基本部分を測るスキル群。自社事業理念の理解から始まり，各種法務に関する理解を測ります。	4	事業理念（ミッション，ビジョン，バリュー）の意義	3	5	5
				5	コーポレートガバナンス，会社法に関する知識	3	5	5
				6	知的財産に関する知識	3	5	5
				7	働き方と労働法制の理解	3	5	5
				8	その他，経営法務に関する知識（NDA，基本契約等）	3	5	5
		事業戦略マーケティング	自社ポジショニングとマーケティングについてのスキル群。	9	自社のポジショニングについての洞察，理解	3	5	5
				10	内部環境分析（バリューチェーン，VRIO）の理解	3	5	5
				11	環境要因（SWOT分析）の理解	3	5	5
				12	マーケティングミックス，顧客獲得コスト	3	5	5
				13	差別化，コストリーダーシップ戦略	3	5	5
		事業戦略ケイパビリティ	経営ポジションの方に必要とされる判断基準と論理構成を測るスキル群。	14	新製品・サービス開発の判断基準	3	5	5
				15	拠点展開・子会社設立の判断基準	3	5	5
				16	業務提携・アライアンスの判断基準	3	5	5
				17	買収・出資時の判断基準	3	5	5
				18	撤退縮小計画・転進リストラの判断基準	3	5	5

(2)　課題選定

　自己診断を回収し，各項目の評点を集計し，課題の洗い出しを行います。また，集計結果・内容を踏まえ，対象者のインタビュー時のインプット情報とします。対象者と課題を共有し，ヒアリングをすることで，課題を絞り込んでいくことができます。

◇（図2）課題選定までのステップ

①診断→②強み弱み確認→③ヒアリング→④課題共有→⑤課題選定

◇例：経営スキルマップの比較図

#	大項目	中項目	定義	A	B	C
1	戦略（ビジョン創造・実行）	経営環境理解	自社の経営環境理解を測るスキル。	2.67	2.67	2.33
		経営戦略基本	自社の経営戦略の基本部分を測るスキル。自社事業理念の理解から始まり，各種法務に関する理解	3.6	2.2	3
		事業戦略マーケティング	自社のポジショニングとマーケティングについてのスキル。	3.2	2.4	4
		事業戦略ケイパビリティ	経営ポジションの方に必要とされる判断基準と論理構成を測るスキル。	3.4	1.2	2.2
2	リソース管理	ヒト	自社の組織構成・人事の方向性理解についてのスキル。	3.1	3	3.2
3	リソース管理	モノ	自社のバリューチェーン，顧客への付加価値創造プロセスへの理解度を測るスキル。	2.94	3.47	3.29
4	リソース管理	カネ	自社の会計・財務状態の理解度を測るスキル。	2.62	1.54	1.54
5	情報／ICT	情報／ICT	自社のIT戦略や取り巻く状況の理解度を測るスキル。	2.88	3.13	2.13
			全体平均	2.98	2.59	2.7
			合計	197	171	178

　上記の例でいえば＃4リソース管理（カネ）がB，Cが低く，登用までの期間にレベルの引上げを行う必要があります。このケースでは2年間で3.5点到達を目指して育成計画を策定しました。

2 組織診断

(1) 自己診断

現経営者や後継者，会社の各視点で「モノ」についてそれぞれ捉えていく必要がありますが，その各視点ごとの現状の認識を「見える化」する方法として，組織診断があります。

「モノ」についての各項目に対し網羅的に各関係当事者に自己診断をしてもらいます。

各項目が5段階評価となっており，具体的な取り組みがある場合には具体的な取り組みも記載してもらいます。

◇5段階評価

1	No
2	Noであるが，今後の取り組みの具体例がある
3	Yes
4	Yesであり，取り組みの具体例もある
5	問題点がない

(2) 課題選定

自己診断を回収し，各項目ごとの評点を集計（対象を複数とする場合には，各項目ごとの加重平均）し，課題の洗い出しを行います。また，集計結果を踏まえ，対象者にヒアリングも実施します。対象者と課題を共有し，ヒアリングをすることで，課題を絞り込んでいくことができます。

①診断→②課題検証→③ヒアリング→④課題共有→⑤課題選定

自己診断シート

1 No
2 No であるが、今後の取組の具体例がある
3 Yes
4 Yes であり、取組の具体例もある
5 問題点がない

1. 戦略

		チェック項目	Yes 5	4	3	No 2	1	N/A	具体的な取組みがある場合には具体的な取組みの記載
経営戦略	1	経営理念・社是（もしくはミッション・ビジョン）は社内に浸透している							
	2	意思決定はトップダウンかボトムアップか、決定アプローチに満足できているか							
	3	アクションプラン（全社戦略、事業戦略など）を策定している							
全社戦略	4	コア・コンピタンスは何か特定できている							
	5	事業拡大の方向性は選択できている							
	6	KSF（成功要因：Key Success Factor）が確認できている							
事業戦略	7	外部環境分析（PEST分析、3C分析など）を行っている							
	8	内部環境分析（バリューチェーン分析など）で自社の強みや弱みを把握している							
	9	自社の競争上の地位（リーダー・チャレンジャー、フォロワー、ニッチャー）は明確になっている							
		合計	0	0	0	0	0	0	

2. マーケティング

		チェック項目	5	4	3	2	1	N/A	
市場戦略 マーケティングミックス	1	現状のマーケティングにおける問題発見、課題解決、意思決定のフローに問題はないか							
	2	差別化戦略がある							
	3	顧客が重要にしているKBF（購買決定要因：Key Buying Factor）は認識できている							
	4	想定する顧客が競合他社分析やポジショニング分析により明確になっており、その顧客に正確にアピールできている							
	5	広告戦略により積極的な販売促進活動を行っている							
		合計	0	0	0	0	0	0	

3. 組織

		チェック項目	5	4	3	2	1	N/A	
経営層	1	経営判断を行うとき、補佐してくれる補佐役がいる							
	2	取締役の機能には問題はない							
	3	役員に応じた職務権限が明確になっている							
	4	会議は有効に行えている							
	5	事業を承継する後継候補者が、計画的に承継を進めている							
	6	株式（議決権）について経営層が支配できているか							
組織マネジメント	7	従業員が当事者意識を持てている							
	8	従業員がモチベーション高く働くことができている							
	9	チームマネジメントができている							
	10	オンとオフのコミュニケーションはいずれもうまく取れている							
	11	賃金制度や人事・評価制度を明確にしている							
	12	能力開発はうまくできている							
		合計	0	0	0	0	0	0	

4. 管理

		チェック項目	5	4	3	2	1	N/A	
運営管理	1	経営判断に必要な業績管理ができているか							
	2	社内は整理整頓され、清潔に保たれている（5Sが徹底されている）							
	3	顧客管理システムによって重要な指標は管理できている							
サービスマネジメント	4	顧客満足度は把握できている							
	5	従業員満足度は把握できている							
民法	6	事業上の重要な契約は締結されている							
	7	事業上の重要な契約において損害賠償条項など不利な契約はない							
会社法	8	株主総会は適切に執り行われており、議事録が作成されている							
	9	定款の内容に問題はないか							
知的財産	10	事業の価値源泉である知的財産の程度は明確になっている							
	11	事業の価値源泉である知的財産は法律による権利が保護されている							
		合計	0	0	0	0	0	0	

5. IT

		チェック項目	5	4	3	2	1	N/A	
IT化	1	ハードウェアに問題はない							
	2	ソフトウェアは最新のものであり、問題はない							
	3	セキュリティ対策に問題はない							
	4	サーバーに問題はない							
	5	システム化できるものの検討をしているか							
	6	クラウド化の検討をしている							
	7	企業内外でのITの活用の検討は進んでいる							
	8	ERP（企業資源計画：Enterprise Resource Planning）の検討は進んでいる							
		合計	0	0	0	0	0	0	

3 | 財務診断

(1) 自己診断

　現経営者や後継者，会社の各視点で「カネ」についてそれぞれ捉えていく必要がありますが，その各視点ごとの現状の認識を「見える化」する方法として，財務診断があります。

　「カネ」についての各項目に対し網羅的に各関係当事者に自己診断を行ってもらいます。

　各項目が5段階評価となっており，具体的な取り組みがある場合には具体的な取り組みも記載してもらいます。

◇5段階評価

1	No
2	Noであるが，今後の取り組みの具体例がある
3	Yes
4	Yesであり，取り組みの具体例もある
5	問題点がない

(2) 課題選定

　自己診断を回収し，各項目ごとの評点を集計（対象を複数とする場合には，各項目ごとの加重平均）し，課題の洗い出しを行います。また，集計結果を踏まえ，対象者にヒアリングも実施します。対象者と課題を共有し，ヒアリングをすることで，課題を絞り込んでいくことができます。

①診断→②課題検証→③ヒアリング→④課題共有→⑤課題選定

自己診断シート

1 No
2 No であるが、今後の取組の具体例がある
3 Yes
4 Yes であり、取組の具体例もある
5 問題点がない

		チェック項目	5	4	3	2	1	N/A	具体的な取組みがある場合には具体的な取組みの記載
1．財務									
指標分析	1	月次試算表が求める時期に作成され、最新の財務状況を把握している							
	2	収益性（ROA、ROE、売上高総利益率、売上高営業利益率、売上高経常利益率）を把握できている							
	3	安全性（自己資本比率、流動比率、当座比率、固定比率、固定長期適合率、インタレスト・カバレッジ・レシオ）を把握できている							
	4	効率性（総資本回転率、売上債権回転率、棚卸資産回転率、有形固定資産回転率）を把握できている							
	5	損益分岐点を把握できている							
	6	企業価値の算出（時価評価、簿外債務の確認など）を行っている							
管理体制	7	管理体制（事業部門、セグメントごとなど）ごとの業績管理ができている							
	8	管理会計に基づき財務諸表の作成ができている							
	9	原価計算を行えている							
	10	（グループ複数社ある場合）連結決算を行えている							
	11	経営管理指標（KPI：重要経営指標など）を明確にしている							
	12	設備投資の回収までの投資計画はできている							
	13	予算策定、事業実績策定は行えている							
	14	事業継続計画（BCP）の策定や緊急時の具体的な対策を定めている							
	15	内部統制（統制環境、統制活動、リスクの評価・対応、モニタリング、情報・伝達、ITへの対応）は機能している							
		合計	0	0	0	0	0	0	
2．金融									
投資	1	投資比率（固定比率など）は適正である							
	2	配当政策は適正である							
	3	事業価値と清算価値を比較している							
資金調達	4	資金繰り表を作成し、必要資金の管理を行っている							
	5	フリーキャッシュフローの額を把握している							
	6	金融機関との関係は良好である							
	7	金融機関ごとの借入金の状況、担保、経営者保証の状況を整理している							
	8	負債比率は適正である							
	9	運転資金（WC：ワーキングキャピタル）にはいくら必要かを確認している							
		合計	0	0	0	0	0	0	
3．相続									
相続対策	1	株主に相続が起きた場合の相続税の計算は行っている							
	2	株主に相続が起きた場合の相続人との協議は済んでいる							
	3	リスクに対応する生命保険や損害保険の加入がされており、保証額も適正である							
資産承継	4	個人資産と会社資産の明確な区別がされている							
	5	法人の重要な事業用動産、不動産の所有形態を確認している							
	6	法人と経営者の間で事業上必要ない貸付や借入は行われていない、または解消の見込みが立っている							
		合計	0	0	0	0	0	0	

◇（図3）自己診断シート評価結果

項目	自己評価	自己評価	AGS評価	AGS評価	コメント
1-1．指標分析	D	2	C	3	月次決算も遅れずに作成できているため、今後は月次報告書を作成することでより経営判断に資する情報を作成することができる
1-2．管理体制	C	3	B	4	部門ごとの業績管理が行われており、予実管理も行えている
2-1．投資	D	2	C	3	投資比率や配当比率は適度な水準で特に問題はない
2-2．資金調達	C	3	D	2	先代経営者の感覚に頼っている部分が多く、管理資料が整っていない
3-1．相続対策	C	3	B	4	後継者以外の相続人との間で株式についての方向性のすり合わせができている
3-2．資産承継	D	2	C	3	一部個人資産が会社資産となっているが解消の方法が検討されている
総評	D		C		

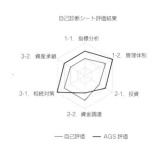

自己診断シート評価結果

1-1．指標分析 ・ 1-2．管理体制 ・ 2-1．投資 ・ 2-2．資金調達 ・ 3-1．相続対策 ・ 3-2．資産承継

── 自己評価　── AGS評価

4 ホールディングス化

(1) ホールディングス化の意義

　グループ会社が複数社ある場合には，持株会社化（ホールディングス化）を検討することがあります。経営の効率化，事業承継対策，M&A対策，グループファイナンスの導入などのさまざまな理由から検討がされており，固定コスト増加や子会社との軋轢などのデメリットもありますが，メリットも多く，導入が進んでいます。

(2) ホールディングス化の事業承継におけるメリット

　ホールディングス化した場合のメリットは次のとおりです。

（資産承継）

・株主に株式売却資金が入る

・持株会社を介した間接保有となり，今後の株価上昇を抑制できる

・株主の相続の問題が事業会社（子会社）の事業に直接影響しない

（経営承継）

・各子会社の事業は各子会社の社長として任名し，経営経験を積ませることができる

・持株会社がグループの資金を管理し，各事業会社に配分できる

　各子会社では，持株会社が掲げたグループ経営方針の下，かつ，資金調達を持株会社に委ねた状態で，事業に集中することができます。そのため，経営幹部の育成のため，幹部候補を各子会社の社長に就任させ，経営者としての経営経験を複数名に積ませることでグループ全体の経営意識を高めることが可能となります。

5 中期事業計画の策定

(1) 中期事業計画とは

　中期事業計画とは，会社の理念，ビジョンを踏まえ，中期的な視点での戦略，戦術を具体的に見える化したものとなります。主には「数値計画（利益，資金，人員，投資等）」と「行動計画（アクションプラン）」を策定します。

(2) 中期事業計画の策定と幹部育成

　事業承継の一環として，承継前に後継者と後継者の補佐役の幹部候補が主導して中期事業計画を策定することが有効です。後継者や後継者の補佐役の幹部候補は，担当部門の理解は深くても，経営的な視点を持てていないことが多くあります。中期事業計画の策定を通じ，現経営者が行ってきた経営を振り返り，これからの経営を見える化していくことで経営者意識の譲成を図ります。

　また，後継者が主導で作成する中期事業計画となりますが，現経営者に相談しながら策定していくため，現経営者との経営に関する対話も増え，後継者は現経営者の考えを理解し，現経営者は後継者への期待が増え，中期事業計画の策定を通じ，現経営者から後継者への事業承継をスムーズに行えることが期待できます。

6 事例紹介

事例 1 後継者に合わせた仕組みづくり

業種：製造業（資本金：1億円，従業員：100名〜300名）
後継者との関係：子供

■事業承継期間

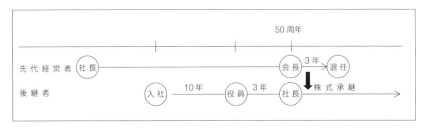

■ポイント

① 先代経営者と後継者の志向性のギャップに合わせた体制構築

② ワンマン・同族経営からの脱却（幹部育成）

③ 相続時に兄弟間で揉めないように遺産分割対策の実行

■マトリクス（短期的な課題・対策）

	ヒト （知識・素質）	モノ （組織・機能）	カネ （財務体質・資金力）
先代 経営者	志向性ギャップ ：組織の見直し	後継者のサポート体制 ：組織の見直し	遺産分割 ：後継者以外の相続人の理解
後継者	タフアサイン ：成功体験をさせる	事業計画の策定 ：プロジェクトを組成	原価計算の導入 ：管理会計を導入
会社	同族経営からの脱却 ：組織・体制を構築	ホールディングス制度 ：次世代の経営幹部の育成	投資計画 ：管理会計を導入

■フレームワーク

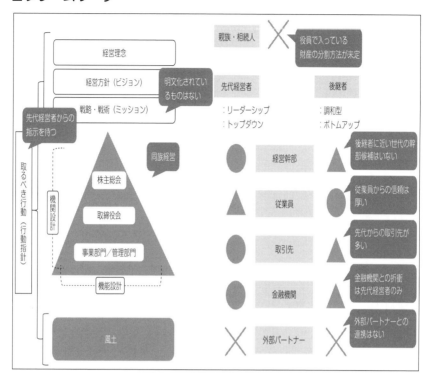

■フロー図

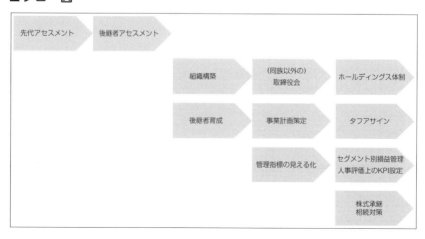

◇事例

（会社の成り立ち）

　先代経営者が一代で築き上げた会社であり，大手メーカーの指定業者に選定されており，業績は順調。新規営業は特段必要なく，メーカーのオーダーに多品種少量生産での対応を続けています。

　しかしながら，最近ではメーカーの業績も芳しくなく，1社当たり売上比率の高い当社の業績にも陰りが出始め，従来のビジネススタイルを変更する必要が出始めてきています。

　また，経営は先代経営者のワンマン経営となっており，同族経営（役員は先代経営者，配偶者，子供3名のみ）であり，経営に関与していない親族（配偶者と子供2名）も役員となっていました。

（事業承継プラン）

　役員の一人である長男を後継者に選定したため，取引先に就職をしていた長男を呼び戻し，工場の現場経験から10年かけ社長とし，その後3年間は，先代経営者が会長，長男が社長という体制を並行させました。

（ポイント①：組織構築）

　アセスメントの結果，先代経営者は強いリーダーシップ型の志向性がありましたが，後継者は調和型の志向性となっており，従来の組織体制では後継者が経営していくには難しいものとなると予想されたので，トップダウンで物事を決めている組織体制ではなく，協議型の組織体制への移行（取締役会の導入）を進めることにしました。また，それに伴い，同族経営からの脱客を考え，経営に関与していない親族に役員を退任して頂き，従業員から役員を就任させ，役員の構成を見直しました。

（ポイント②：幹部育成）

　後継者の年齢が新たに就任した取締役と開きがある（後継者の方が若い）ため，後継者の世代の次世代の幹部育成のため，子会社を複数設立し，幹部候補をそれぞれ各子会社の社長とし，経営管理や人事評価を各子会社ごとに行わせる体制を構築しました。

（ポイント③：株式承継・相続対策）

　そのような大規模な改革を進めるにあたり，後継者主導で行う必要があったため，後継者の議決権の比率を高めるべく，先代経営者の株式について，後継者への生前贈与を実行しました。その際，他の相続人とのバランスを取る必要があったため，遺産分割案をまとめ，生前に他の相続人への理解を固めることも行いました。

■力点

　志向性のギャップを理解せず，先代経営者の経営スタイルのまま後継者が経営を承継したとしてもうまくいかず，後継者としても苦労するでしょうし，従業員もついてこなかったかと思います。それぞれの志向性のギャップを理解することで，先代経営者は後継者のやり方を受け入れることができ，後継者は自分なりの経営を実現することができました。

事例2 経営者の"想い"の承継

業種：製造業（資本金：1,000万円，従業員：100名〜300名）
後継者との関係：従業員（親族外）

■事業承継期間

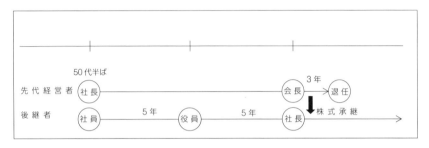

■ポイント

① 経営理念を浸透させ，日々の行動に体現できる仕組みづくり

② 幹部育成のための自社の強みの理解

③ 株式承継のための少数株主からの集約

■マトリクス（短期的な課題・対策）

	ヒト （知識・素質）	モノ （組織・機能）	カネ （財務体質・資金力）
先代 経営者	経営理念の浸透 ：経営理念の定義づけ	ビジョンの明確化 ：経営承継の意向の表明	株式の集約 ：少数株主からの買取
後継者	経営スキル不足 ：幹部育成研修の実施	自社の強みを理解する ：知的財産経営報告書の作成	財務の知識向上 ：研修と毎月の経営会議
会社	団結力の向上 ：組織横断プロジェクト	ホールディングス体制構築 ：資本関係の整理と管理機能統一	経営指標の「見える化」 ：月次決算早期化と予実管理

■フレームワーク

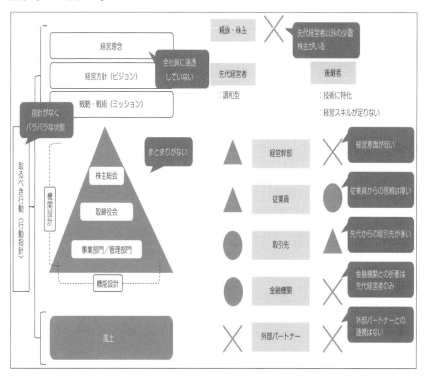

■フロー図

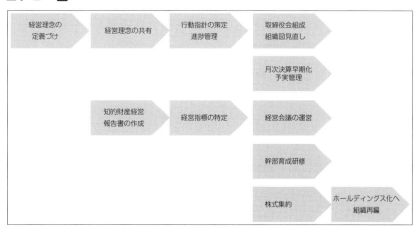

◇事例

（会社の成り立ち）

　先代経営者は創業二代目の経営者であり，企画設計から製造及び配送までを自社で一気通貫して行うことを強みとする製造業の会社です。

　先代経営者は調和性が強く，従業員の気持ちを重視する人柄であり，自身が一代目から引き継いだ経営に対する想いもしっかりと従業員に理解をさせ，そのうえで，従業員の中から後継者を選びたいという意向を聞いていました。

（事業承継プラン）

　後継者が未定のため，先代経営者から主要幹部に向けて，５年間で従業員の中から後継者を選定し，そのさらに５年後に経営を承継するという承継ビジョンを説明しました。承継までの期間は十分にあるため，経営承継の初期段階に時間をかけてやるべきことから計画的に進めていきました。

（ポイント①：経営理念の浸透）

　経営理念が形骸化してしまっていて行動指針もなく，組織の横のつながりや組織としてのまとまりがない状態でした。そのため，各部署の主要メンバーを集め，組織横断のプロジェクトを組成し，理念浸透のための仕組みづくりを行いました。経営理念の定義づけから始まり，理念に沿った行動指針及びアクションプランを策定しました。全社員共通の目標を改めて理解し，そのための具体的な目標を設定することで，組織としての団結力の向上につながりました。また，組織横断プロジェクトであるため，普段の業務ではあまり関わりのない社員との接点ができ，組織の横のつながりも密になりました。

（ポイント②：自社の強みの理解）

　また，主要幹部に対しては，自社の強みを分析して理解するため，知的財産経営報告書の作成を行いました。自社の強みとしての無形の財産を「見える化」することで，将来の計画作成や事業戦略にも活用できるようになりました。

（ポイント③：分散株式の集約）

　なお，先代経営者のほかに少数株主がいたため，少数株主からの株式の買取りを行いました。株主を先代経営者のみにしておくことで，将来の株式承継をスムーズに行えるよう準備をしておくことも重要です。

■力点

　承継までの期間が十分ある場合にも，事前に準備をしておけることはたくさんあります。いつどのように承継をしたいか，という経営者の"想い"を従業員へ明確に伝えることで，従業員を巻き込んで事業承継への準備を進めることができました。事業承継の準備期間を通して，組織としての成長も促進し，後継者が引き継ぎたくなるような魅力的な会社にすることも必要かと思います。

事例3　後継者による新たな会社づくり

業種：製造業（資本金：1,000万円，従業員：30名～100名）
後継者との関係：子供

■事業承継期間

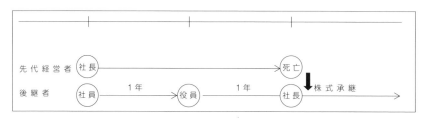

■ポイント

① 後継者へのスピード承継による後継者の経験不足

② 経営管理体制構築による経営の見える化

③ 業界のシュリンク（新規事業立ち上げ）

■マトリクス（短期的な課題・対策）

	ヒト （知識・素質）	モノ （組織・機能）	カネ （財務体質・資金力）
先代 経営者	勘による経営 ：経営の「見える化」	勘による経営 ：経営の「見える化」	相続による株式承継 ：遺言作成
後継者	経営知識・経営スキル不足 ：外部研修等の活用	経験不足 ：新規プロジェクトの立ち上げ	経営知識・経営スキル不足 ：業績管理指標の整備
会社	新たな取組みに懐疑的 ：新規プロジェクトの 立ち上げ	経営管理体制未構築 ：管理体制の構築	IT化未整備 ：データ管理・IT化

■フレームワーク

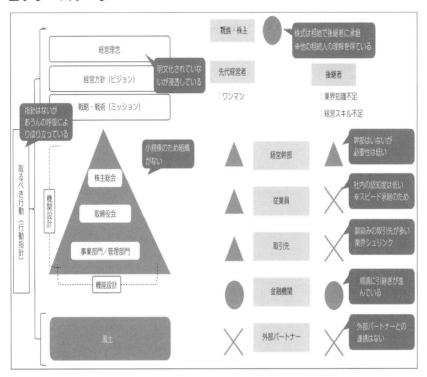

■フロー図

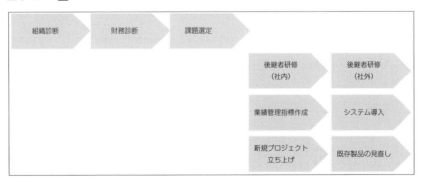

176

◇事例

（会社の成り立ち）

創業200年を超える老舗食品製造会社であり，地元の素材を使い昔ながらの製法で贈答用の食品を作ってきました。しかし，ここ数年は贈答品の需要が急速に減り，当社の売上も10年前の半分にまで落ち込んでいました。また当社は老舗企業としてのブランドを大切にしており，数字できっちり管理するというよりは，地元民との付き合いなどを重視し，製法や商品を変えないといった風土がありました。

（事業承継プラン）

後継者は自社の事業にまったく関わったことがなく，経営はおろか製品の作り方すら知らなかったため，まずは自社に入社し1年かけて現場の仕事を覚えた後，役員に登用しその1年後に承継というプランでした。

（ポイント①：後継者の知識・スキル不足）

アセスメントの結果，先代経営者と後継者のコンピテンシーはよく似ており，意欲も高いことがわかりましたが，経営知識やスキルが乏しい状態でした。

先代経営者は，これらの知識・スキルを幼少期からの帝王学ともいえる教育により自然と身に付けていましたが，後継者にはそういった教育機会も，また承継までの時間もなかったため，まずは当社に入社し現場の仕事を覚えてから，役員に登用し経営知識を学びました。役員登用後は実地での学び以外に，会計や計画策定といった経営に関する幅広い知識を外部機関にて学びました。

（ポイント②：経営管理体制の構築）

当社は，合理的に数字で管理する風土がありませんでした。先代の長

年の勘で経営されている状態でしたが，今後は後継者が意思決定を行っていくことを考え，経営数字の見える化と管理体制の構築に着手しました。またこれに伴い会計システムを導入し，従来すべて紙で残されてきた帳簿等をデータ化することにしました。

（ポイント③：新規事業・組織改革）

　当社はその風土から，製品の製法を変えたり，新たな商品を開発したりすることがほとんどありませんでした。従業員からは，そうした新たな取り組みをすることで当社のイメージが崩れるのではないかという声も多く出ていました。

　そこで事業承継の機会をチャンスとして，後継者と少数社員で新規事業部を立ち上げ，全く新しい商品や販売チャネルを考えました。結果的に新商品は人気商品となり，新たなお客様だけでなく既存のお客様からも好評をいただきました。この成功をきっかけに，今度は主力製品の製法や製造体制を見直すプロジェクトを立ち上げ，生産性のアップにつなげることもできました。

■力点

　代々親族が経営を引き継いで来たような老舗企業では，それまで培ってきた伝統があり，それを変えることは容易ではありません。しかし事業承継を第二の創業と捉えて，後継者による新しい企画・新しい経営を後押しすることで，後継者の自信につながり，会社が変わるきっかけにもつながりました。

事例 4　役員への承継

業種：サービス業（資本金：3,000千万円，従業員：30名〜100名）
後継者との関係：取締役

■事業承継期間

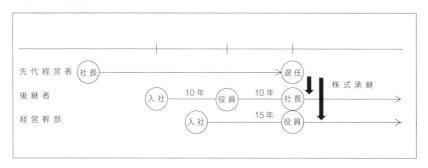

■ポイント

① 全社を巻き込んだ承継（社内への周知）
② 株式の承継の際の株価への配慮（合議による経営）
③ 役員持株会の組成

■マトリクス（短期的な課題・対策）

	ヒト （知識・素質）	モノ （組織・機能）	カネ （財務体質・資金力）
先代 経営者	創業メンバーの合議制 ：組織体制の見直し	創業メンバーの理解 ：事業承継計画の作成	後継者に安く承継 ：株式の財産は放棄
後継者	経営メンバーとの合議制 ：組織体制の見直し	社内の受入れ体制 ：取締役会の運営	株式の承継 ：資金調達
会社	社内の受入れ体制 ：社内への周知	次期幹部層の経営メンバー育成 ：社内研修	株式の分散 ：役員持株会の組成

■ フレームワーク

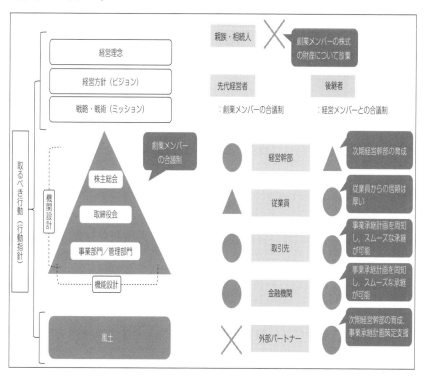

■ フロー図

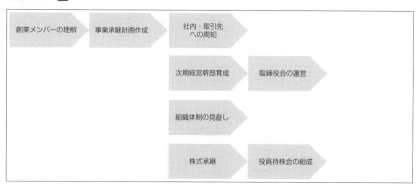

180

◇事例

（会社の成り立ち）

　同業大手の会社から一部の人間で立ち上げた会社であり，以前勤務していた会社とは戦略を区別し，ニッチな領域を攻める戦略を取っており，その領域を得意としています。また，圧倒的な営業力も備えていたため，利益は堅調に上がり，純資産も相応に積みあがってきています。

（事業承継プラン）

　後継者は社内の取締役とすることで決まっていましたが，会社の立ち上げの際，オーナーとして複数名がそれぞれ出資を行っていました。基本的にはその全てを後継者に承継することを検討していましたが，後継者が株式を買取る場合にコストが高く，後継者一人では全ての株式を集約することが困難であるため，経営幹部の育成を行い，その経営幹部にも株式を承継し，経営参画意識を持ってもらうようにすることにしました。

（ポイント①：社内への周知）

　創設メンバーが複数名いるため，その創設メンバーに後継者を認めてもらい，その後社内に向け後継者を指名したことを説明しました。さらに，計画的に役職を作っていく事業承継計画書を作成し，社内や取引先に計画を明らかにして進めていくこととしました。

（ポイント②：株式の分散）

　株式を集約することにより議決権を集約することができ，一定の議決権を確保して経営を安定させることができますが，反面，税法の株価の考え方については，支配している株式は高い評価額となってしまいます。また，創業当初から合議体での経営をしてきたため，後継者の代も単独

ではなく経営幹部との合議により経営を進めていく体制にすることとし，後継者に株式を集約せず，経営幹部に株式を分散させ，株式を低い価額に基づき承継することにしました。

（ポイント③：役員持株会の組成）

　経営メンバー個人が株主になると経営参画意識を持つことが期待できますが，相続等により見ず知らずの人が株主となる可能性があるため，経営メンバーについては役員持株会を組成し，役員持株会を通じて株式を保有してもらうこととしました。

■力点

　既に社内で人望のある役員を後継者としたため，社内の受入れ体制は整っていました。そのため，秘密裏に進めていくのではなく，計画を明らかにして進めることで，社内外の協力が得られ，承継後の経営を円滑にする一助となりました。

事例 5 所有と経営の分離（外部への売却）

業種：建設業（資本金：3,000万円，従業員：10名〜30名）
後継者との関係：子の配偶者

■事業承継期間

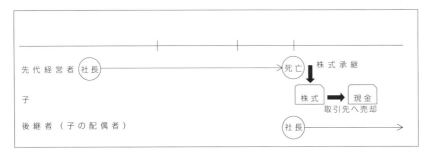

■ポイント

① 事業計画による経営の見える化

② 強みを生かした経営戦略

③ 関係者との信頼関係構築

■マトリクス（短期的な課題・対策）

	ヒト （知識・素質）	モノ （組織・機能）	カネ （財務体質・資金力）
先代 経営者	後継者選定 ：後継者に対する説得	事業の拡大性 ：新規事業	相続税 ：納税資金確保
後継者	社員との信頼関係 ：事業の促進	経営戦略の見える化 ：事業計画の作成	資金繰りの理解 ：資金計画
会社	リーダー不足 ：管理職制度	職人気質 ：組織化	管理体制の見直し ：セグメント別損益管理

■フレームワーク

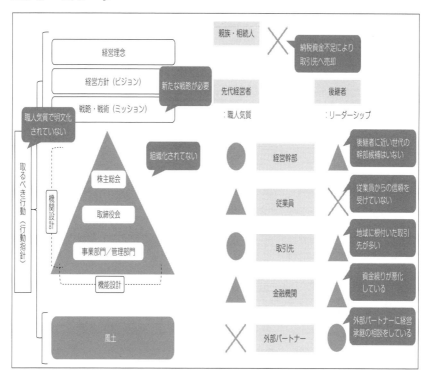

■フロー図

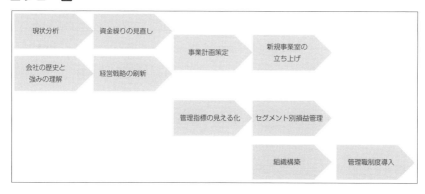

184

◇事例

(会社の成り立ち)

　地域密着で3代続く住宅リフォーム会社であり，地域や顧客に愛される企業であり続けることを大切にしてきました。

　二女の配偶者である婿を後継者候補とするも，当初は承諾が得られず，後継者選定で行き詰まりましたが，長期間をかけ先代経営者が説得の上，婿が承継を承諾したことにより，婿が後継者となって承継を進めることとなりました。

　後継者が決まり徐々に経営を承継していこうとしていた矢先，先代経営者が急死してしまい急遽後継者が社長に就任することになりました。

(事業承継プラン)

　先代経営者の急死により株式の相続税の納税資金を急遽工面する必要がありました。地域の高齢化や大手の進出により業績が低迷していたため借入が難しく，取引先に株式を売却して納税資金を確保せざるを得ませんでした。そのため，所有（株主）と経営（役員）が分離する形での事業承継となりました。

(ポイント①：経営の見える化)

　株主となった取引先からの要請は，事業計画を提出し定期的に経営報告をすることと，承継から5年経過後は毎期配当金を支給することでした。ところが先代経営者は長年培った経験と職人の勘により経営を行っていたため，事業計画はもちろん経営管理体制も整っていない状態でした。そのため後継者は外部パートナーの支援のもと，まずは会社の現状分析をして，それに基づき中期事業計画を作成しました。特に重要な資金計画については，資金繰り表などの管理資料を作成し，その作成作業において，資金を早期に回収できるよう，契約を一括払いから分割払い

に変更するなどを行い，計画的に資金回収をできるようにしていきました。

（ポイント②：強みを生かした経営戦略）

　準備が何もできていない状態での承継でしたが，後継者となるかどうかの話し合いを先代経営者と度々重ねていたため，会社の強みや大切にする価値観については後継者もよく理解できていました。それを踏まえて，顧客満足を高め，顧客増加につなげる戦略を軸に掲げ，新規事業室の立ち上げを行いました。地域の同業の会社と連携し，地域に住民を呼び込めるよう，住民の移住をワンストップでサポートできる仕組みを構築し，地域の事業者との連携により知名度と信頼度を大きく向上することができました。

（ポイント③：関係者との信頼関係構築）

　先代経営者の急死という会社の危機において，周りの力を借りながら会社の立て直しをしたことは，会社のこれまでの歴史や風土にもなじみ，多くの従業員から受け入れられました。また，計画通りの実績を残したことで株主である取引先からも信頼され，経営が円滑に進められるようになりました。

■力点

　会社の歴史や強みを理解し，残すべきものを見極めて変革することも必要となります。また，後継者が社内や関係者に認められるためにも後継者の実績作りも重要です。新たな取組みに成功することにより，社内における発言力も強くなり，社内の改革も進めやすくなりました。

事例 6 外部招聘の場合の経営理念

業種：サービス業（資本金：3,000万円，従業員：10名〜50名）
後継者との関係：第三者

■事業承継期間

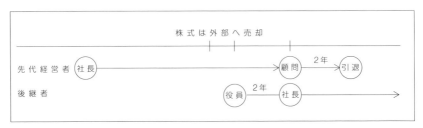

■ポイント

① 後継者不在のため，M&A による外部承継

② 既存の経営メンバーとの調和（職務権限の明確化）

③ 異文化との融合（経営理念の見直し）

④ 行動指針と評価制度の一貫性

■マトリクス（短期的な課題・対策）

	ヒト （知識・素質）	モノ （組織・機能）	カネ （財務体質・資金力）
先代 経営者	業務遂行型 ：実務は経営メンバー に承継	後継者と経営メンバーとの調和 ：経営理念の見直し	株式は親族には承継しない ：外部へ売却
後継者	後継者不在 ：外部からの招聘	後継者と経営メンバーとの調和 ：職務権限の明確化	モチベーションの向上 ：インセンティブプラン の明確化
会社	後継者と経営メン バーとの調和 ：経営理念の浸透	経営の見える化 ：組織体制の整備	経営の見える化 ：管理資料の整備

■フレームワーク

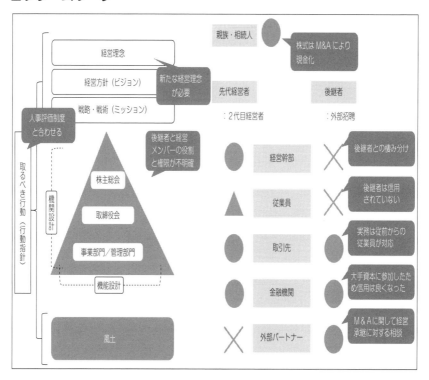

■フロー図

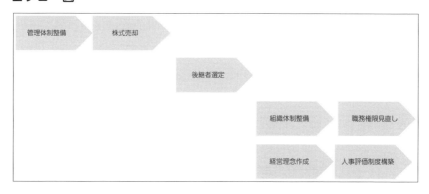

◇事例

（会社の成り立ち）

　業界準大手のサービス業であり，「丁寧な仕事」を心がけ，既存のお客様からの継続の受注を中心に，毎期安定的に仕事を獲得できており，業績は創業以来安定しています。しかし，近年，業界の先行きが不安となっており，新たな顧客の獲得や新たな事業への拡大が必要となってきています。また，経営者は2代目ですが，親族への承継は考えておらず，以前より社内で後継者を探すも社内には適任者がおらず，事業承継の方向性に悩みを抱えていました。

（事業承継プラン）

　株式の承継は親族ではなく，外部への売却と当初より決めていたため，後継者は不在ではありながらも，株式の承継を先に進めていくこととしました。また，業界の先行きが不安であったため，規模拡大のために同業の業界大手の会社に売却を行うこととしました。

　株式の売却の後，売却先から後継者候補を紹介してもらい，その候補者を社内に招聘し，経営承継を進めていくことにしました。

（ポイント①：M&Aによる承継）

　M&Aによる株式の売却となるため，外部からも客観的に把握ができるような経営の健全性を示す資料の整備や組織の構築が必要と考え，現状の管理体制を見直し，経営の見える化を進め，盤石な体制と受け止めてもらえるように整えました。

（ポイント②：職務権限の明確化）

　当初は社内で承継を考えていたため，次期経営幹部の候補となる経営メンバーが複数名いました。新たに招聘した後継者と経営メンバーが調

和できるように，職務権限を見直し，実務は基本的に経営メンバーに任せ，後継者には管理業務を中心に行ってもらうような体制にしました。

(ポイント③：異文化との融合)

　買収先からの同業部門の受入れ等があり，業績が拡大するとともに，人員も拡大し，従前の組織文化と異なる文化が急速に混ざりあうこととなりました。そのため，従前の会社の理念は新たに加入してきた人員には浸透せず，会社としての一体感が薄れてきてしまったため，従前の経営理念のままとはせず，経営理念を刷新し，新たな会社として再度経営理念から見直すことを行いました。

(ポイント④：評価制度への反映)

　経営理念を刷新し，その後，人事評価制度についても刷新し，新たな経営理念に基づくものに変更することにしました。これにより経営理念と従業員の行動指針が一致し，一体感をより強いものとすることができました。

■力点

　M&Aによる外部への承継を行う場合には，従来のやり方から変える必要があることが多くあり，やり方を変えることでやめていってしまう人もいますが，今後の会社のあるべき方向性をしっかりと見定め，どのような体制が良いのかにより，変えるべきところは変えていくことが必要となります。

失敗事例

さて，経営承継における成功事例を見てきましたが，すべてが成功するわけではありません。

「勝ちに不思議の勝ちあり，負けに不思議の負けなし」というように，失敗事例はいくつかの必然が重なっています。とりわけ，先代経営者と後継者の志向性の違いや理念の違いなど根本部分の相違が大きくなっていくケースが多く見受けられます。

逆にいうと，枝葉の部分の問題に関しては，先代と後継者で理念がしっかりと共有・共鳴できていることや，前もって対策が取られていれば解決できる内容であることがほとんどです。

育成期間について先代経営者と後継者の認識の違いがあります。以下は経営者が考える後継者の育成に必要な期間のデータです。半分以上の先代経営者が5年以上の期間が必要であると考えています。

経営者が考える後継者の育成に必要な期間

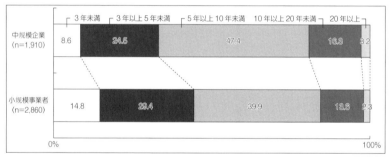

	3年未満	3年以上5年未満	5年以上10年未満	10年以上20年未満	20年以上
中規模企業 (n=1,910)	8.6	24.5	47.4	16.3	3.2
小規模事業者 (n=2,860)	14.8	29.4	39.9	13.6	2.3

（出典：中小企業庁「中小企業白書（2014年版）」）

本書では，育成期間というのは，3年程度を目安に設計しています。

このギャップについて，先代経営者の多くは，自分の感覚で経営者としての一人前を定義していることが挙げられます。

こういったことで，承継時期が遅れていき必要な施策が打てないまま，先代の体調不良により承継を急ぎ行った結果，準備不足で失敗した等の事例に繋がっていると推察されます。

これは，今までの日本型の人材マネジメントスタイルでもあった「適者生存型」のモデルと言っても良いかもしれません。適した人材がある程度熟すまで待つ等のスタイルです。本書では繰り返し「適者開発型」への切り替えを訴えてきました。勝っている時にこそ，次を見据えておきます。次の世代の社長ポジションをあらかじめ定義しておき，短期間で必要な育成を効果的に実施して創りこみを行うことも重要です。基本的には事業の近未来から逆算して設計することこそが経営承継の勝ち筋といえます。

不思議の失敗にならないように，本書が役立てば何よりです。

巻末資料

1　モノに関するチェックシート

2　カネに関するチェックシート

3　経営承継 DD 報告書の例

1 モノに関するチェックシート

チェック項目			チェック
1．現経営者			
戦略	1	経営理念についての現経営者の想いを確認したか	
	2	現経営者が考えるコア・コンピタンスは何かを確認したか	
	3	今後の事業拡大の方向性を確認したか	
	4	事業承継に対する想い，本人の意向を確認したか	
	5	事業承継の予定時期等の意向を確認したか	
マーケティング	6	現状のマーケティングにおける問題発見，課題解決，意思決定のフローを確認したか	
	7	差別化戦略を確認したか	
	8	会社の競争力（技術力・商品力・優良顧客の存在・情報収集力・経営ノウハウ等）の状況と将来の見通しを確認したか	
	9	コア・コンピタンスの持続性を確認したか	
組織	10	後継者を定め，計画的に承継を進めているか	
	11	後継者へ事業を引き継ぐまでの組織計画は明確か	
	12	現経営者の意向が後継者に明確に伝えられているか	
	13	現経営者からの後継者の指名や指名理由について，社内外に向けて明確な意思表示や説明が行われているか	
	14	株式（議決権）について経営層が支配できているか	
管理	15	事業上の重要な契約は締結されているか	
	16	事業上の重要な契約において損害賠償条項など不利な契約はないか	
	17	株主総会は適切に執り行われており，議事録が作成されているか	
	18	会議は適正に行われており，議事録が作成されているか	
	19	定款は現行法令に準拠したものになっているか	
	20	社内規程に不足はないか	
IT	21	システム化できるものの棚卸をしたか	
2．後継者			
戦略	1	経営理念や現経営者の会社への想いを理解しているか	
	2	コア・コンピタンスを特定できているか	
	3	外部環境分析を行っているか	
	4	内部環境分析で自社の強みや弱みを把握しているか	
	5	自社の競争上の地位は明確になっているか	
	6	事業展開の方向性や戦略を持っているか	
マーケティング	7	差別化戦略があるか	
	8	競合他社の分析ができているか	
	9	ポジショニング分析ができているか	

組織	10	現経営者と後継者の志向性の違いを把握したか	
	11	後継者の経営能力や経験の不足を補佐してくれる補佐役の存在の有無を確認したか	
	12	後継者の経営の補佐役が経営層として機能する組織になっているか	
	13	取締役の機能には問題はないか	
	14	会社の役員の構成，各役員の年齢，能力を確認したか	
	15	役割に応じた職務権限が明確になっているか	
管理	16	経営判断に必要な業績管理ができているか	
	17	経営管理指標（KPI：重要経営指標など）を明確にし，投資計画，予算策定，事業計画策定ができているか	
IT	18	クラウド化の検討をしているか	
	19	企業内外でのITの活用の検討は進んでいるか	
	20	ERP（企業資源計画：Enterprise Resource Planning）の検討は進んでいるか	

3．会社

戦略	1	経営理念や行動指針は従業員に浸透しているか	
	2	アクションプランを策定しているか	
	3	KSF（成功要因：Key Success Factor）が確認できているか	
	4	行動指針を体現することが評価へつながる仕組みになっているか	
マーケティング	5	マーケティング担当者がいるか	
	6	顧客が重要にしているKBF（購買決定要因：Key Buying Factor）は認識できているか	
	7	広告戦略により積極的な販売促進活動を行っているか	
組織	8	従業員が当事者意識を持ってモチベーション高く働けているか	
	9	能力開発はうまくできているか	
	10	賃金制度や人事・評価制度を明確にしているか	
	11	チームマネジメントはできているか	
	12	オンとオフのコミュニケーションはいずれもうまく取れているか	
	13	会議は有効に行えているか	
	14	トップダウンだけではなく，ボトムアップで意思決定が行える体制になっているか	
管理	15	社内は整理整頓され，清潔に保たれている(５Sが徹底されている)か	
	16	顧客満足度は把握できているか	
	17	従業員満足度は把握できているか	
	18	顧客管理システムによって重要な指標は管理できているか	
	19	事業の価値源泉である知的財産は明確になっているか	
	20	事業の価値源泉である知的財産は法律による権利が保護されているか	
IT	21	ハードウェアに問題はないか	
	22	ソフトウェアは最新のものであり，問題はないか	
	23	セキュリティ対策に問題はないか	
	24	サーバーに問題はないか	

194

② カネに関するチェックシート

チェック項目			チェック
1．現経営者			
財務	1	主な資産の内容，帳簿価額及び時価評価額の状況を確認したか	
	2	主な得意先に係る年間売上高，売掛債権残高，当社に対する信用等の状況を確認したか	
	3	主な仕入先に係る年間仕入高，主な外注先に対する年間取引高等の状況を確認したか	
	4	将来の退職金等の潜在的債務の状況を確認したか	
	5	債務保証・簿外債務の有無を確認したか	
金融	6	運転資金（WC：ワーキングキャピタル）にはいくら必要かを確認したか	
	7	金融機関との関係及び借入状況と返済能力の状況を確認したか	
	8	借入に対する担保提供及び経営者の個人保証等の状況を確認したか	
	9	リスクに対応する生命保険や損害保険の加入状況と，適正な保証額であるかどうかを確認したか	
相続	10	個人資産と会社資産の明確な区分がされているか	
	11	法人への賃貸資産（事業用資産）の所有形態を確認したか	
	12	法人への賃貸資産（事業用不動産）の所有形態を確認したか	
	13	法人と経営者の間で，事業上必要ない貸付又は借入が行われていないか	
	14	リスクに対応する生命保険や損害保険の加入状況と，適正な保障額であるかどうかを確認したか	
	15	株主に相続が起きた場合の相続税の計算は行っているか	
	16	株主に相続が起きた場合の相続人との協議は済んでいるか	
	17	納税原資確保の方法として中長期的な方法を含め，各種の方法を検討したか	
ポスト事業承継	18	引退後の現経営者個人の人生について話をしたか	
	19	現経営者の引退後の居場所を用意したか	
2．後継者			
財務	1	月次試算表が求める時期に作成され，最新の財務状況を把握しているか	
	2	収益性（ROA，ROE，売上高総利益率，売上高営業利益率，売上高経常利益率）を把握できているか	
	3	安全性（自己資本比率，流動比率，当座比率，固定比率，固定長期適合率，インタレスト・カバレッジ・レシオ）を把握できているか	
	4	効率性（総資本回転率，売上債権回転率，棚卸資産回転率，有形固定資産回転率）を把握できているか	
	5	損益分岐点を把握できているか	
	6	設備投資の回収までの投資計画の策定はできているか	
	7	予算策定，事業計画策定は行えているか	
	8	事業継続計画（BCP）の策定や緊急時の具体的な対策を定めているか	

金融	9	金融機関との関係は良好であるか	
	10	資金繰り表を作成し，必要資金の管理を行っているか	
	11	フリーキャッシュフローの額を把握しているか	
相続	12	会社に影響を与える法律等の改正の動きを確認したか	
	13	株主構成の現状と将来の見通しを確認したか	
ポスト事業承継	14	後継者が主体となるプロジェクトを用意したか	
	15	経営承継円滑化法における3つの制度（民法特例，金融支援，納税猶予）の適用可能性について検討したか	
	16	自社株式や事業用資産を後継者に集中させる方法を検討したか	

3．会社

財務	1	経営管理指標（KPI：重要経営指標など）を明確にしているか	
	2	管理体制（事業部門，セグメントなど）ごとの業績管理ができているか	
	3	管理会計に基づき財務諸表の作成はできているか	
	4	原価計算を行えているか	
	5	（グループ複数社ある場合）連結決算は行えているか	
	6	内部統制（統制環境，統制活動，リスクの評価・対応，モニタリング，情報・伝達，ITへの対応）は機能しているか	
金融	7	固定比率は適正であるか	
	8	配当政策は適正であるか	
	9	負債比率は適正であるか	
	10	事業価値（獲得される将来キャッシュ・フロー）と清算価値を比較したか	
	11	経営者保証の契約時及び既存保証契約の見直し時において，経営者保証ガイドラインの活用を検討したか	
相続	12	所有と経営を分離する形での変則的な事業承継を検討したか	
	13	議決権制限株式や拒否権付種類株式（黄金株）について，活用を検討したか	
ポスト事業承継	14	後継者の報酬について検討を行ったか	
	15	役員報酬は事業規模等を考慮して，社会通念上適切な範囲を超えていないか	
	16	後継者の報酬とともに，他の従業員の報酬についても検討を行ったか	
	17	法人の事業活動に必要な資産を経営者等が所有している場合に，支払われている賃料は適切か	
	18	法人と経営者との間の資金のやり取りは，社会通念上適切な範囲を超えていないか	
	19	経営承継円滑化法における3つの制度（民法特例，金融支援，納税猶予）の適用可能性について検討したか	
	20	社内の受入れ態勢を確認したか	

3　経営承継 DD 報告書の例

経営承継　現状調査報告書

株式会社　●●

目次

1

Ⅰ．総評

総評

魅力ある組織に　← ゴール設定

- 経営理念
- 経営方針（ビジョン）
- 戦略・戦術

株主総会
取締役会
事業部門／管理部門

機関設計

機能設計

風土

取るべき行動（行動指針）

責任（意思決定 ⇩ 指揮命令 ⇩ 実行評価）

＜魅力ある組織になるための施策＞

1．経営理念の浸透
会社としての目標を全社員が理解・共感する

2．事業戦略とKPI管理
経営理念に基づいた戦略の実行・振返りをする

3．人材育成と組織づくり
経営理念に沿った行動をできる人材を育てる

サマリー

簡易診断結果

評点　自己評価＋他社評価

■○○○

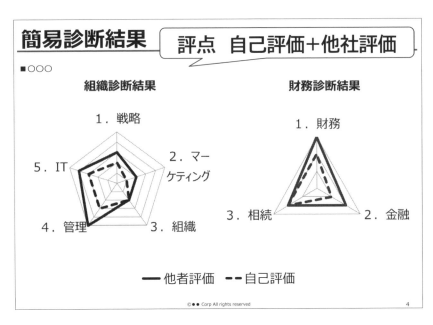

組織診断結果　　　　財務診断結果

―― 他者評価　-- 自己評価

4

課題整理

課題整理＋対策案

■○○○

	項目	現状	課題	対策案	①経営理念の浸透	②事業戦略とKPI管理	③人材育成と組織づくり
組織	1．戦略				●		
						●	
	2．マーケティング					●	
						●	
	3．組織						●
					●		●
							●
	4．管理					●	●
	5．IT					●	
財務	6．財務					●	
	7．金融						
	8．相続						

個別施策

5

経営承継のための施策

■○○○

項目	対策	対象者	2021/12期				2022/12期		2023/12期	
			1Q	2Q	3Q	4Q	上期	下期	上期	下期
①経営理念の浸透										
②事業戦略とKPI管理										
③人材育成										

対応方針・スケジュール

6

II．会社の概要

7

200

基本情報

■○○○

項目	内容
会社名	株式会社●●
所在地	○○県○○市
設立・創業	○○○○年○月○日
事業内容	○○○○○○○○○○○○○○○○○ ○○○○○○○○○○○○○○○○○
資本金	○○千円
代表者	代表取締役社長○○　○○
取締役	○○　○○、○○　○○、○○　○○
決算期	○月
社員数	○○名
直近業績	売上高 営業利益 経常利益 当期純利益

会社の沿革・事業の沿革

■○○○

年	月	沿革
2011	9月	×××
2012	1月	×××
2013	5月	×××
2014	1月	×××
2015	1月	×××
2016	3月	×××
2017	6月	×××
2018	4月	×××

直近10年間の業績推移

年	○/○期	○/○期	○/○期	○/○期	○/○期	○/○期	○/○期	○/○期	○/○期	○/○期
設立										
グループ/拠点開廃										
事業開廃										
代表/役員										
資本金										
売上（千円）	●●●	●●●	●●●	●●●	●●●	●●●	●●●	●●●	●●●	●●●
当期純利益（千円）	●●●	●●●	●●●	●●●	●●●	●●●	●●●	●●●	●●●	●●●
従業員数	●●●	●●●	●●●	●●●	●●●	●●●	●●●	●●●	●●●	●●●

単位：千円

	○/○期	○/○期	○/○期	○/○期	○/○期	○/○期	○/○期	○/○期	○/○期	○/○期
（PL）										
売上	●●●	●●●	●●●	●●●	●●●	●●●	●●●	●●●	●●●	●●●
売上総利益										
売上総利益率										
販売費及び一般管理費										
営業利益										
経常利益										
当期純利益	●●●	●●●	●●●	●●●	●●●	●●●	●●●	●●●	●●●	●●●
（BS）資産										
現預金										
売上債権（売掛金、受取手形）										
棚卸資産										
固定資産										
（BS）負債・純資産										
仕入債務（買掛金、支払手形）										
短期借入金										
長期借入金										
純資産										
その他										
運転資金（10+11-13）	0	0	0	0	0	0	0	0	0	0
従業員数	●●●	●●●	●●●	●●●	●●●	●●●	●●●	●●●	●●●	●●●

10

Ⅲ．アセスメント

11

アセスメント結果

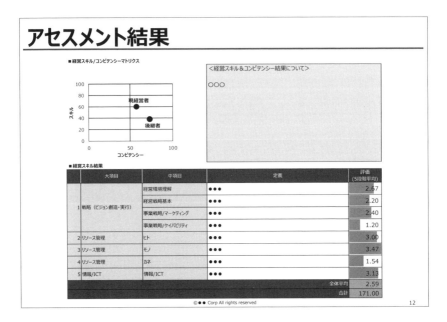

■経営スキル/コンピテンシーマトリクス

■経営スキル結果

	大項目	中項目	定義	評価 (5段階平均)
1	戦略（ビジョン創造・実行）	経営環境理解	•••	2.67
		経営戦略基本	•••	2.20
		事業戦略/マーケティング	•••	2.40
		事業戦略/ケイパビリティ	•••	1.20
2	リソース管理	ヒト	•••	3.00
3	リソース管理	モノ	•••	3.47
4	リソース管理	カネ	•••	1.54
5	情報/ICT	情報/ICT	•••	3.13
			全体平均	2.59
			合計	171.00

<経営スキル&コンピテンシー結果について>
○○○

12

アセスメント結果

■ アセスメント結果＆インタビュー面談コメント

《強み》
・

《課題》
・

■ 今後の育成提案

①教育

②実務経験

③組織体制

13

Ⅳ．組織・事業の状況

14

組織の概要　①株主構成

■○○○

20●●年●月●日現在

○○ ○○ 様　　　　○○ ○○ 様　○○ ○○ 様

(株)○○　　　　　(株)○○

将来的な資本政策と合っているのかを確認。

(株)○○

※　％…議決権比率
※　事前受領資料を元に作成しております。誤り等ございましたらご指摘ください。

15

204

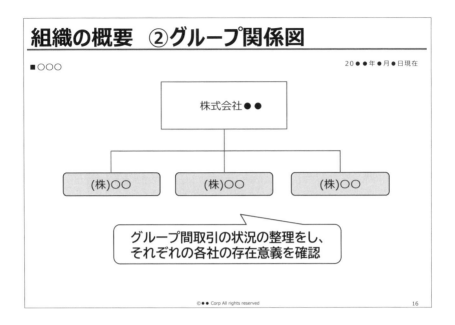

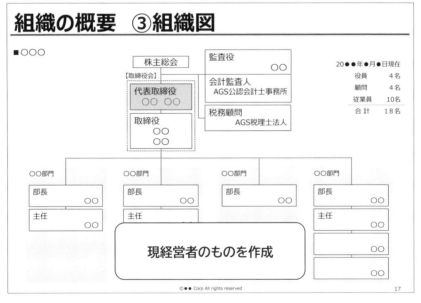

組織診断結果

■○○○

組織診断結果

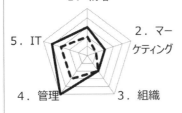

1．戦略
5．IT
2．マーケティング
4．管理
3．組織

―――他者評価　－－自己評価

項目	自己評価	他者評価	課題整理
1．戦略	D	C	
2．マーケティング	E	D	
3．組織	D	D	
4．管理	C	A	
5．IT	C	B	
総評	D	C	

18

経営理念

■○○○

経営理念 ▶ 会社の存在価値	
経営方針 ▶ 経営理念実現のための具体的方策	
戦略・戦術 ▶ 進むべき方向、シナリオ	
行動指針 ▶ 具体的な行動の基本原則	

現経営者のものを記載

19

経営承継ヒアリングシート

■○○○

区分	No.	質問内容	現経営者 ご回答	後継者 ご回答
経営方針	Q1	貴社の「経営理念」について、ご教示ください。 （社是・社訓など、会社が一番大事にしている価値観や信条）		
	Q2	貴社の「経営ビジョン」について、ご教示ください。 （会社が目指す方向性や中長期の将来におけるあるべき姿）		
事業の状況	Q3	貴社の収益の源泉となる「主力事業」の概要について、ご教示ください。		
	Q4	貴社が抱える「現状及び今後の課題」について、ご教示ください。 Ex.) 営業面、製造面、物流面、技術面、設備面、人材面、資金面 etc.		
内部環境	Q5	貴社の「強み」について、ご教示ください。 Ex.) 人、物、金、情報、技術、立地、顧客や業者から特に評価されている点 etc.		
	Q6	貴社の「弱み」について、ご教示ください。 Ex.) 人、物、金、情報、技術、立地、多いクレーム内容 etc.		
外部環境	Q7	貴社の事業環境における「機会」について、ご教示ください。 Ex.) 技術革新等によるビジネスチャンス、規制緩和 etc.		
	Q8	貴社の事業環境における「脅威」について、ご教示ください。 Ex.) 業界再編、大手企業の参入、代替品・代替サービス etc.		
現経営者	Q9	貴社の事業機能の中で、「社長に大きく依存している事項」があれば、ご教示ください。 Ex.) トップ営業、技術開発・専門知識、運転資金 etc.		
	Q10	社長と貴社の間における「重要な取引」があればご教示ください。 Ex.) 多額の資金貸借、主要な事業用資産の賃貸借 etc.		
後継者	Q9	後継者として「会社経営を引く継ぐ意思」について、ご教示ください。 Ex.) 絶対に引き継ぎたい、他に適任者がいれば任せたい、●年間で退任を予定 etc.		
	Q10	現在までの「経歴」について、ご教示ください。 Ex.) 他社職歴、所属部署、役職 etc.		
承継の状況	Q11	後継者に「経営を承継する時期」の目処について、ご教示ください。 Ex.) ●年後、●年以内 etc.		
	Q12	後継者を「育成するためのプラン」があれば、ご教示ください。 Ex.) ●年後に役員登用、●部での経験を積む etc.		
	Q13	後継者をサポートする「幹部候補」の人材がいれば、ご教示ください。 Ex.) 所属部門、役職、経歴、年齢 etc.		
	Q14	社長が認識されている「経営承継を行う上での課題」があれば、ご教示ください。 Ex.) 後継者の経験が少ない、後継者を支える人材がいない etc.		

> 現経営者、後継者で
> 対比させる

20

外部環境の状況　①PEST分析

■○○○

	機会（ポジティブ）	脅威（ネガティブ）
P：Politics （政治的要因）		
E：Economy （経済的要因）		
S：Society （社会的要因）		
T：Technology （技術的要因）		

> 現経営者・後継者ともに
> 作成してもらう

21

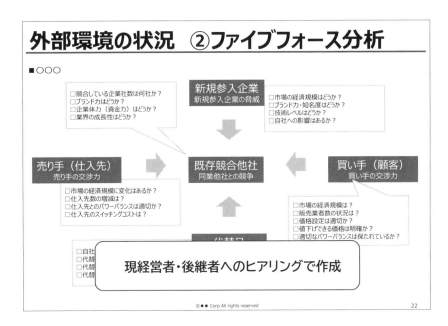

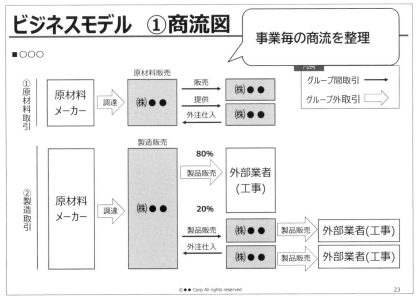

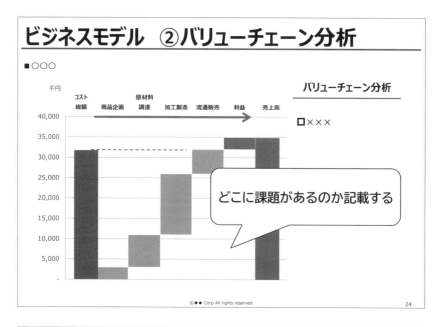

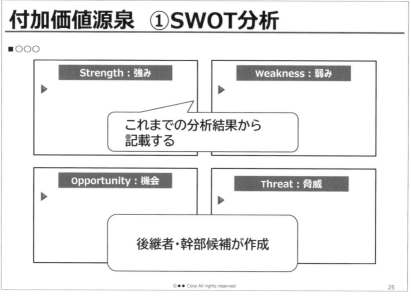

付加価値源泉　②クロスSWOT分析

■○○○

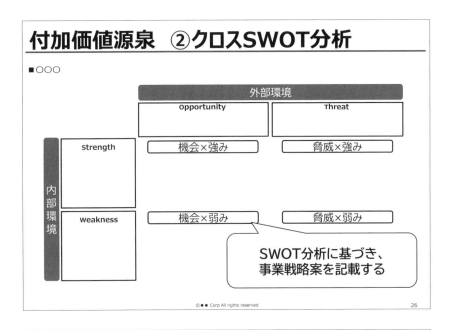

	外部環境	
	opportunity	Threat
strength	機会×強み	脅威×強み
weakness	機会×弱み	脅威×弱み

内部環境

SWOT分析に基づき、
事業戦略案を記載する

26

Ⅴ．財務の状況

27

210

財務診断結果

■○○○

財務診断結果

1．財務

3．相続　　　2．金融

—他者評価　--自己評価

項目	自己評価	他者評価	課題整理
1．財務	D	C	
2．金融	E	D	
3．相続	D	D	
総評	D	C	

© ●● Corp All rights reserved

28

財務指標の分析

■○○○

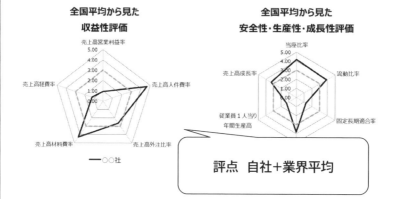

全国平均から見た
収益性評価

全国平均から見た
安全性・生産性・成長性評価

評点　自社＋業界平均

© ●● Corp All rights reserved

29

財務諸表の状況　①貸借対照表

■○○○

勘定科目	65期 ●/●期	66期 ●/●期	67期 ●/●期	勘定科目	65期 ●/●期	66期 ●/●期	67期 ●/●期	貸借対照表分析
現金及び預金	-	-	-	支払手形	-	-	-	
受取手形	-	-	-	買掛金	-	-	-	
売掛金	-	-	-	割引手形	-	-	-	
仕掛品	-	-	-	短期借入金	-	-	-	□×××
前払費用	-	-	-	未払金	-	-	-	
仮払金	-	-	-	前受金	-	-	-	
流動資産 計	-	-	-	預り金	-	-	-	
建物	-	-	-	仮受消費税	-	-	-	
建物付属設備	-	-	-	流動負債 計	-	-	-	
機械装置及び運搬具	-	-	-	長期借入金	-	-	-	
什器備品	-	-	-	預り保証金	-	-	-	
土地	-	-	-	固定負債 計	-	-	-	
有形固定資産 計	-	-	-	**負債 合計**	-	-	-	
電話加入権	-	-	-	資本金	-	-	-	
無形固定資産 計	-	-	-	利益準備金	-	-	-	
投資有価証券	-	-	-	繰越利益剰余金	-	-	-	
関係会社株式	-	-	-	利益剰余金 計	-	-	-	
出資金・敷金	-	-	-	株主資本 計	-	-	-	
投資その他の資産 計	-	-	-	**純資産 合計**	-	-	-	
固定資産 計	-	-	-	自己資本比率				
繰延資産								
資産 合計	-	-	-	**負債・純資産 合計**	-	-	-	

増減分析を実施

30

財務諸表の状況　②損益計算書

■○○○

勘定科目	65期 ●/●期	66期 ●/●期	67期 ●/●期	勘定科目	65期 ●/●期	66期 ●/●期	67期 ●/●期	損益分析
制作収入	-	-	-	保守料	-	-	-	
TV収入	-	-	-	備品費	-	-	-	
媒体収入	-	-	-	その他	-	-	-	
売上高 計	-	-	-	管理費 計	-	-	-	
期首仕掛・材料棚卸高	-	-	-	販売費及び一般管理費	-	-	-	□×××
制作関係費	-	-	-	**営業利益**	-	-	-	
外注費	-	-	-	営業利益率	-	-	-	
TV関係費	-	-	-	受取利息	-	-	-	
媒体費	-	-	-	受取配当金	-	-	-	
合計	-	-	-	雑収入	-	-	-	
期末仕掛・材料棚卸高	-	-	-	営業外収益 計	-	-	-	
売上原価 計	-	-	-	支払利息	-	-	-	
売上総利益	-	-	-	割引料	-	-	-	
売上総利益率	-	-	-	為替差損	-	-	-	
給与手当	-	-	-	営業外費用 計	-	-	-	
賞与	-	-	-	**経常利益**	-	-	-	
法定福利費	-	-	-	特別利益				
厚生費	-	-	-	特別利益 計	-	-	-	
人件費 計	-	-	-	有価証券売却損				
減価償却費	-	-	-	退職手当金	-	-	-	
旅費交通費	-	-	-	特別損失 計	-	-	-	
通信費	-	-	-	**税引前当期純利益**	-	-	-	
保守料	-	-	-	法人税等	-	-	-	
備品費	-	-	-	**当期純利益**	-	-	-	

増減分析を実施

31

財務諸表の状況　③キャッシュ・フロー計算書

■○○○

勘定科目	66期 ●/●期	67期 ●/●期	勘定科目	66期 ●/●期	67期 ●/●期
税引前当期純利益	-	-	法人税等の支払額	-	-
減価償却費	-	-	**営業活動によるキャッシュ・フロー（A**	-	-
受取利息及び配当金	-	-	有形・無形固定資産の増減額	-	-
支払利息	-	-	投資有価証券の増減額	-	-
有価証券売却損益	-	-	敷金及び保証金の増減額	-	-
社債発行費償却	-	-	保険積立金の増減額	-	-
為替差損	-	-	長期貸付金の増減額	-	-
売上債権の増減額	-	-	その他	-	-
たな卸資産の増減額	-	-	**投資活動によるキャッシュ・フロー（B**	-	-
未収入金の増減額	-	-	**フリー・キャッシュ・フロー（A＋B）**	-	-
仮払金の増減額	-	-	短期借入金の増減額	-	-
仕入債務の増減額	-	-	長期借入金の増減額	-	-
未払金の増減額	-	-	社債の増減額	-	-
預り金の増減額	-	-	その他	-	-
仮受消費税の増減額	-	-	**財務活動によるキャッシュ・フロー**	-	-
その他	-	-	現金及び現金同等物に係る換算差額	-	-
小計	-	-	現金及び現金同等物の増減額	-	-
利息及び配当金の受取額	-	-	現金及び現		

キャッシュ・フロー分析

□×××

> 営業CFが営業利益と乖離していないか？
> 営業CFはプラスか？

32

資金収支の状況

■○○○

項目	21/1	21/2	21/3	21/4	21/5	21/6	21/7	21/8	21/9	21/10	21/11	21/12	通期
前月繰越	-	-	-	-	-	-	-	-	-	-	-	-	-
売掛金回収													-
その他収入													-
経常収入 計	-	-	-	-	-	-	-	-	-	-	-	-	-
買掛金支払													-
手形決済													-
人件費													-
支払金利													-
経常支出 計													-
経常収支（A）	-	-	-	-	-	-	-	-	-	-	-	-	-
固定資産売却収入													-
設備関係支払													-
関係会社への出資													-
短期貸付金													-
経常外収支（B）													-
フリー・キャッシュ・フロー（A＋B）	-	-	-	-	-	-	-	-	-	-	-	-	-
短期借入金													-
社債の発行													-
割引手形													-
財務収入 計													-
短期借入返済													-
長期借入返済													-
社債償還													-
定期預金積立													-
財務支出 計													-
財務収支													-
総収支													-
翌月繰越	-	-	-	-	-	-	-	-	-	-	-	-	-

> 資金収支構造について記載する。

33

借入の状況

■○○○

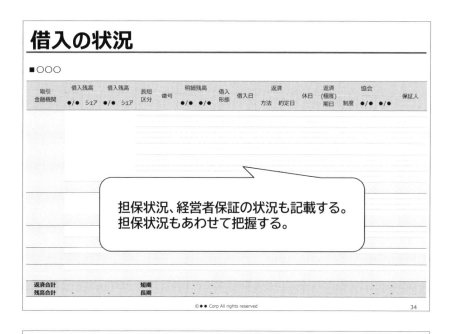

取引金融機関	借入残高 ●/● シェア	借入残高 ●/● シェア	長短区分	番号	明細残高 ●/● ●/●	借入形態	借入日	返済 方法　約定日	休日	返済(極度)期日	協会制度	●/● ●/●	保証人

> 担保状況、経営者保証の状況も記載する。
> 担保状況もあわせて把握する。

| 返済合計 残高合計 | | | 短期 長期 | | | | | | | | | | |

34

VI．承継の状況

35

214

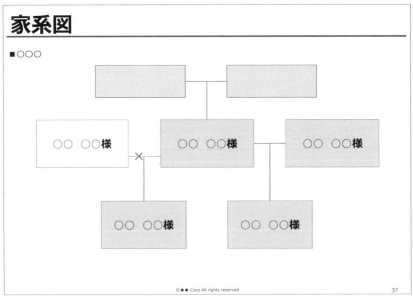

不動産一覧表

■○○○

資産	利用区分	住所(住居表示)	所在地番	家屋番号	地積/実床面積	所有/賃貸	取得年月日	帳簿価額	固定資産税評価額	時価	含み損益	担保	種類	金融機関	借入金残高
土地	本社	●●●-○-○	●●	-	●●㎡	所有	●/●/●	●●	●●	●●	●●	○	抵当権	A銀行	●●
家屋				●●-●●	●●㎡	所有	●/●/●	●●	●●	●●	●●	○	抵当権	A銀行	●●
土地	A支店	●●●-○-○	●●	-	●●㎡	賃借	–	–	–	–	–	–	–	–	–
家屋				●●-●●	●●㎡	賃借	–	–	–	–	–	–	–	–	–
土地	B工場	●●●-○-○	●●	-	●●㎡	賃借	–	–	–	–	–	–	–	–	–
家屋				●●-●●	●●㎡	所有	●/●/●	●●	●●	●●	●●	×	抵当権	A銀行	●●
土地	C営業所	●●●-○-○	●●	-	●●㎡	賃借	–	–	–	–	–	–	–	–	–
家屋				●●-●●	●●㎡	賃借	–	–	–	–	–	–	–	–	–
土地	D駐車場	●●●-○-○	●●	-	●●㎡	所有	●/●/●	●●	●●	●●	●●	○	抵当権	B銀行	●●
家屋				●●-●●	●●㎡	所有	●/●/●	●●	●●	●●	●●	○	抵当権	B銀行	●●
土地	E社宅	●●●-○-○	●●	-	●●㎡	所有	●/●/●	●●	●●	●●	△●●	○	根抵当権	A銀行	–
家屋				●●-●●	●●㎡	所有	●/●/●	●●	●●	●●	△●●	○	根抵当権	A銀行	–
土地	F保養所	●●●-○-○	●●	-	●●㎡	所有	●/●/●	●●	●●	●●	△●●	–		–	–
家屋				●●-●●	●●㎡	所有	●/●/●	●●	●●	●●	△●●	–		–	–

保険契約一覧表

■○○○

保険会社	保険種類	契約者	契約期間	保険料	支払方法	死亡保険金	解約返戻金(●/●/●時点)	コメント
●●保険	がん保険	A	●●～●●	●●円	月払い	●●万円	●●万円	●年●月が返戻率100%
●●保険	医療保険	A	●●～●●	●●円	年払い	●●万円	●●万円	

会社と経営者個人との取引関係

■ ○○○

○取締役と会社との間の売買契約	●●●
○会社から取締役への贈与	●●●
○取締役から会社への金銭貸付（利息が発生するもの）	●●●
○会社が取締役に対して行う債務免除	●●●
○会社による取締役を受取人とする手形の振出	●●●
○会社が取締役の第三者に対する債務を保証する行為	●●●
○取締役の第三者に対する債務の担保とするため 会社の不動産に抵当権を設定する行為	●●●
○会社が取締役の第三者に対する債務を引き受ける行為	●●●

現経営者への依存度

■ ○○○

① 経営者個人の経営力	●●●
② 経営者個人の営業力	●●●
③ 特定の個人の技術・ノウハウ	●●●

株式価値の算定

■○○○

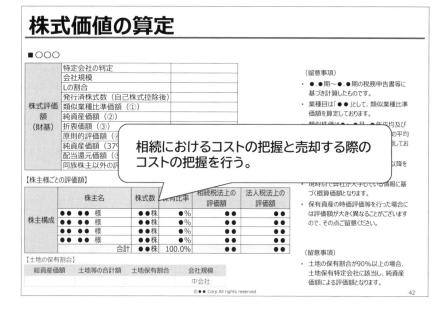

株式評価額（財基）	特定会社の判定	
	会社規模	
	Lの割合	
	発行済株式数（自己株式控除後）	
	類似業種比準価額（①）	
	純資産価額（②）	
	折衷価額（③）	
	原則的評価額	
	純資産価額（37%）	
	配当還元価額	
	同族株主以外の評	

（留意事項）
・ ●.●期～●.●期の税務申告書等に基づき計算したものです。
・ 業種目は「●●」として、類似業種比準価額を算定しております。

相続におけるコストの把握と売却する際のコストの把握を行う。

【株主様ごとの評価額】

株主構成	株主名	株式数	保有比率	相続税法上の評価額	法人税法上の評価額
	●● ●● 様	●●株	●%	●●	●●
	●● ●● 様	●●株	●%	●●	●●
	●● ●● 様	●●株	●%	●●	●●
	●● ●● 様	●●株	●%	●●	●●
	合計	●●株	100.0%	●●	●●

・ 現時点で弊社が入手している情報に基づく概算価額となります。
・ 保有資産の時価評価等を行った場合には評価額が大きく異なることがございますので、その点ご留意ください。

（留意事項）
・ 土地の保有割合が90%以上の場合、土地保有特定会社に該当し、純資産価額による評価額となります。

【土地の保有割合】

総資産価額	土地等の合計額	土地保有割合	会社規模
			中会社

42

相続税の試算

■○○○

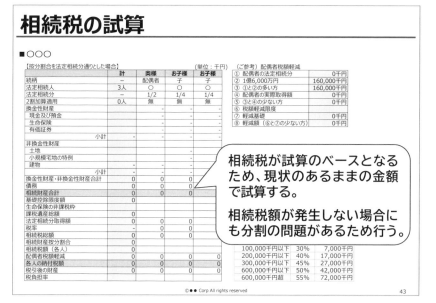

【按分割合を法定相続分通りとした場合】　（単位：千円）

	計	奥様	お子様	お子様
続柄	ー	配偶者	子	子
法定相続人	3人	○	○	○
法定相続分	ー	1/2	1/4	1/4
2割加算適用	0人	無	無	無
換金性財産				
現金及び預金		-		
生命保険		-		
有価証券		-		
小計	-	-		
非換金性財産				
土地		-		
小規模宅地の特例		-		
建物		-		
小計	-	-		
換金性財産・非換金性財産合計	0	0	0	
債務	0	0	0	
相続財産合計	0	0	0	
基礎控除限度額	0			
生命保険の非課税枠				
課税遺産総額	0			
法定相続分取得額	0	0	0	
税率	-	0	0	
相続税総額	0	0	0	
相続財産按分割合	0			
相続税額（各人）	0			
配偶者税額軽減	0	0	0	0
各人の納付税額	0	0	0	0
税引後の財産	0	0	0	0
税負担率				

（ご参考）配偶者税額軽減

① 配偶者の法定相続分	0千円
② 1億6,000万円	160,000千円
③ ①と②の多い方	160,000千円
④ 配偶者の実際取得額	0千円
⑤ ③と④の少ない方	0千円
⑥ 税額軽減限度額	
⑦ 軽減基礎	0千円
⑧ 軽減額（⑥と⑦の少ない方）	0千円

相続税が試算のベースとなるため、現状のあるままの金額で試算する。

相続税額が発生しない場合にも分割の問題があるため行う。

100,000千円以下	30%	7,000千円
200,000千円以下	40%	17,000千円
300,000千円以下	45%	27,000千円
600,000千円以下	50%	42,000千円
600,000千円超	55%	72,000千円

43

事業承継計画

■○○○

項目		1年後	2年後	3年後	4年後	5年後	6年後	7年後	8年後	9年後	10年後
オーナー	年齢	62歳	63歳	64歳	65歳	66歳	67歳	68歳	69歳	70歳	71歳
	役職	社長					会長				相談役
	株式等の移動	通常贈与の適用 （年110万円までは非課税）					□株式譲渡 □納税猶予制度 □相続時精算課税 □黄金株の取得など ※株価引下げ対策の実行 （役員退職金,含み損実現）				□株式譲渡 □相続時精算課税 □黄金株消滅 など
	持株割合	92%	89%	86%	83%	80%	□普通株34% or □黄金株1% など				0%
後継者	年齢	37歳	38歳	39歳	40歳	41歳	42歳	43歳	44歳	45歳	46歳
	役職	取締役					社長				
	株式等取得	通常贈与の適用 （年110万円までは非課税）					□株式譲渡 □納税猶予制度 □相続時精算課税 □黄金株の取得など ※株価引下げ対策の実行 （役員退職金,含み損実現）				□株式譲渡 □相続時精算課税 □黄金株消滅 など
	持株割合	3%	6%	9%	12%	15%	□普通株66% or □普通株99%				100%
ご姉妹	持株割合	11%					□無議決権 or □譲渡 など				0%
株価予測	一株当たり株価 ○○○様 ○○○様 ○○○様 ○○○様										
	合計	0千円	0千円	0千円	0千円	0千円	0千円	0千円	0千円	0千円	0千円
予測税額											
	合計						0千円				0千円

44

《編者紹介》

株式会社 AGS コンサルティング

代表取締役社長：廣渡　嘉秀（ひろわたり　よしひで）
代表取締役副社長：虷澤　篤志（かんざわ　あつし）

AGS 税理士法人

統括代表社員：廣渡　嘉秀（ひろわたり　よしひで）

[AGS Group]

- 本　　　社：〒100-0004　東京都千代田区大手町1-9-5
  大手町フィナンシャルシティ ノースタワー24階
  TEL：03-6803-6710（代）
- 大　　阪：〒541-0042　大阪府大阪市中央区今橋 3-3-13 ニッセイ淀屋橋イースト5 F
  TEL：06-6232-0600（代）
- 名 古 屋：〒450-0002　愛知県名古屋市中村区名駅 4-8-18
  名古屋三井ビルディング北館11階
  TEL：052-533-6695（代）
- 福　　　岡：〒810-0001　福岡県福岡市中央区天神1-9-17 福岡天神フコク生命ビル14F
  TEL：092-737-8211（代）
- Singapore：143 Cecil Street #19-02 GB Building, Singapore 069542
  TEL：+65-6904-9454
- 香　　　港：Suite 901, Level 9, The Hong Kong Club Building, 3A Charter Road,
  Central, Hong Kong
  TEL：+852-3125-7650
- マレーシア：Level 16 Tower C, Megan Avenue Ⅱ 12 Jalan Yap Kwan Seng 50450
  Kuala Lumpur, Malaysia
  TEL：+6-03-2788-9999, Ext 1675（Crowe Malaysia オフィス内）

　身近なアカウンティング・ファームとして，単なる経理補助サービスではなく，経営管理全般に関するサービスを創業以来提供している。

〈監修者・執筆者紹介〉

株式会社 AGS コンサルティング
AGS 税理士法人

（監修）　**和田　博行**（わだ　ひろゆき）
税理士
昭和42年生まれ。千葉県出身。AGS グループの事業承継の事業責任者として数多くの株式承継案件に関与。オーナーのよき相談相手として日々活動している。

（監修）　**入沢　文紀**（いりさわ　ふみのり）
経営コンサルタント
昭和50年生まれ。埼玉県出身。様々な転換期における「次の組織」の実現に向けて，現経営者の想いと後継層の間に立ち，日々活動している。

（執筆）　**武笠　路弘**（むかさ　みちひろ）
税理士
昭和57年生まれ。東京都出身。資産税を専門とし，後継者育成などの人材育成サービスを踏まえた事業承継サービス業務を提供している。

（執筆）　**杉浦　亮介**（すぎうら　りょうすけ）
人事組織コンサルタント
昭和50年生まれ。愛知県出身。お客様の半歩先の事業構造に合わせた人事制度，後継者育成計画コンサルティングを提供している。

（執筆）　**鈴木　菜月**（すずき　なつき）
税理士
平成4年生まれ。千葉県出身。お客様のニーズを捉えながら税務顧問業務・事業承継サービス業務に従事している。

（校正）　加藤義康，宮澤綾子，本橋幸紀，中島敏雄，帆足貴宏，中山英美子，松本喜子，中尾智子

図解＆事例
経営承継の仕組み・方法・実際

2021年4月15日　第1版第1刷発行

編　者　㈱AGSコンサルティング
　　　　AGS税理士法人
発行者　山　本　　　継
発行所　㈱中央経済社
発売元　㈱中央経済グループ
　　　　パブリッシング

〒101-0051　東京都千代田区神田神保町1-31-2
電話　03 (3293) 3371 (編集代表)
　　　03 (3293) 3381 (営業代表)
https://www.chuokeizai.co.jp

©2021
Printed in Japan

印刷／文唱堂印刷㈱
製本／㈲井上製本所

＊頁の「欠落」や「順序違い」などがありましたらお取り替えいた
しますので発売元までご送付ください。(送料小社負担)
ISBN978-4-502-38331-1　C3034

■最新の監査諸基準・報告書・法令を収録■

監査法規集

中央経済社編

本法規集は，企業会計審議会より公表された監査基準をはじめとする諸基準，日本公認会計士協会より公表された各種監査基準委員会報告書・実務指針等，および関係法令等を体系的に整理して編集したものである。監査論の学習・研究用に，また公認会計士や企業等の監査実務に役立つ1冊。

《主要内容》

企業会計審議会編＝監査基準／不正リスク対応基準／中間監査基準／四半期レビュー基準／品質管理基準／保証業務の枠組みに関する意見書／内部統制基準・実施基準

会計士協会委員会報告編＝会則／倫理規則／監査事務所における品質管理　**《監査基準委員会報告書》**　監査報告書の体系・用語／総括的な目的／監査業務の品質管理／監査調書／監査における不正／監査における法令の検討／監査役等とのコミュニケーション／監査計画／重要な虚偽表示リスク／監査計画・実施の重要性／評価リスクに対する監査手続／虚偽表示の評価／監査証拠／特定項目の監査証拠／確認／分析的手続／監査サンプリング／見積りの監査／後発事象／継続企業／経営者確認書／専門家の利用／意見の形成と監査報告／除外事項付意見　他**《監査・保証実務委員会報告》**継続企業の開示／後発事象／会計方針の変更／内部統制監査／四半期レビュー実務指針／監査報告書の文例

関係法令編＝会社法・同施行規則・同計算規則／金商法・同施行令／監査証明府令・同ガイドライン／内部統制府令・同ガイドライン／公認会計士法・同施行令・同施行規則

法改正解釈指針編＝大会社等監査における単独監査の禁止／非監査証明業務／規制対象範囲／ローテーション／就職制限又は公認会計士・監査法人の業務制限